ポケット版

起業を考えたら必ず読む本

井上達也
Tatsuya Inoue

はじめに

今、書店の起業コーナーに立っています。私の前には起業のしかたの本が43冊並んでいます。しかし、この中で実際に起業した人の本はたったの4冊だけです。

今まで多くの起業の本を読んで、大きな夢を膨らませている皆さんには大変恐縮なのですが、ほとんどの本に『本当のこと』が書かれていません。

なぜならあなたが読んだ起業の本は実際に会社を興していない人や大学教授、コンサルタントが書いたものだからです。不思議なことに、創業者が書いた起業の本はほとんどありませんよね。どうしてだと思いますか？

それは……みんな倒産しちゃっているからなんです。会社を設立して10年後に残っている会社は1割、20年でその1割と言われています。そのくらい起業して会社を存続させることは難しいのです。

若者からの支持を集めて一世を風靡した社長、TVで偉そうなことを言っていた社長、どこに行ってしまったのでしょうか。皆さん、消えて行ってしまいました。

起業家とかベンチャー企業なんて言うと、何かカッコイイイメージがありますよね。テスラやスペースXのイーロンマスクとかアップルの故スティーブ・ジョブズとか……。

でも世の中、そんなに甘くはありません。

そこで、本書では起業について、創業社長でないと語れない、ウソのないホントの話をします。読んでからやっぱり起業はやめておこうとなるか、読んでおいてよかったとなるかはあなたしだいです。


えー、ご挨拶が遅れました。

私は株式会社フリーウェイジャパン社長の井上と申します。当社はインターネットを使ったクラウドシステムのメーカーです。会計、給与、販売管理などのクラウドシステムとしては国内最大級なので、ご存じの方もいらっしゃるかもしれません。

私は前職を29歳で退社、独立し当社を設立しました。当時を振り返りますと後輩たちから「よっ、青年実業家！」（当時、ベンチャーとか起業家という言葉はありませんでした）とおだてられ、まんざらでもなかったことを思い出します。

そして設立して半年後。お金が尽き、地獄のような日々がやって来ました。財布にはいつも小銭しかありません。

ある時は銀行に預金してある800円を下ろすために、ATMで2000円預金し千円札に交換したこともあります。カードローンで20万円借りて、支払先にお金を払ってから、違うカード会社からキャッシングして、もうひとつのカード会社へ支払う……なんていうカードローン地獄の淵ものぞきました。

仕事は365日一日も休みはありません。祖父の葬式にも出ませんでした。葬式に行く時間がなかったわけではありません。もしその時に偶然、仕事が舞い込んだらお金がもらえるかもしれないという、はかない希望です。

もちろん、お金がないから自炊です。おかずは20円のもやしです。こんな生活を続けていれば病気にもなります。39度の熱が出てふらふらになりながらも18時間仕事をします。

「成功したかったから、こんなに頑張れたんでしょ?」

いいえ、そうではありません。お金がないという恐怖です。恐怖に打ち勝つには仕事をするしかなかったのです。

起業家というと株式公開を目指し、ベンチャーキャピタル(以下VC)から潤沢な資金を提供してもらい、素敵なビル、綺麗なオフィスで働くというイメージを持っているかもしれません。TVでは若手のベンチャー社長が、「世の中を変えてやる」なんて言ってます。しかし、ほとんどの起業家は毎日毎日、死ぬほど働けど利益は増えずという状態です。銀行から借りたお金の支払いに怯えて、日々を過ごしています。

偉ぶるつもりはありませんが、本書を手にとってくれたあなたに、今まで培った私のノウハウをすべてお教えいたしましょう。おかげさまで、私の会社は創業32年を迎えていますが、創業したのち、経営が軌道に乗るまでに経験したこと、そこで身につけた知恵などを包み隠さず、お伝えいたします。

なお、本書を読まれて、もっと会社経営について知りたいということであれば、拙著『小さな会社の社長の戦い方』『小さな会社の社長の勝ち方』（明日香出版社）と併せてお読みいただければと思います。

株式会社フリーウェイジャパン　代表取締役　井上 達也

CONTENTS

Chapter 2

会社を辞める前にしておくこと

Chapter 3

会社の設立、本に書かれていないこと

Chapter 4

会社を作ってはじめにやること

Chapter 5

起業後の会社経営とは?

Chapter 8 起業して成功するためのヒント

本書は、2016年9月に小社より刊行された『起業を考えたら必ず読む本』を再編集したものです。

Chapter 1

起業を思い立った時にすること

01

起業は持っているお金でスタートする

「起業しようと思っているんですが、なかなかお金がたまらなくて……」という人がいます。

やりたいことが何なのかは人それぞれですが、正直言って、起業とお金はあまり関係がありません。

今使えるお金が100万円なら100万円でできるビジネス、300万円なら300万円でできるビジネスを立ち上げればいいのです。

つまり、「このビジネスはいくらかかるから、そのお金がたまったらはじめよう」ではなく、「今あるお金からやれるビジネスで起業すべきだ」という考え方です。

たとえば、いきなり小学生に1万円のお小遣いをあげる親はいませんよね。100円なら100円、1,000円なら1,000円の使い方があるはずです。子供はこうしてお金の使い方を学んでいくのです。

経営者も同じです。小さなお金の使い方を覚えることで、大きなお金を有効に使えるのです。

焦ることはありません。あなたがやりたいビジネスの準備、練習として、まず今、持っているお金ではじめられるビジネスで起業し、その中で本来やりたい仕事へ軌道修正していけばいいのです。

こういうアドバイスをするとなかには、

「いや、そうは言っても、もうやることが決まっているんです！」

と、返してくる方が必ずいます。

そんな人が少なくないからこそ、私はこのアドバイスを送りたいのです。

これまで、起業家で「これを売るために独立するんだ」とはじめから決めている人の失敗例を私はたくさん見てきました。ブレないとか一本筋が通っているという言葉は何か日本人的にカッコイイ言葉ですが、会社経営ではマイナスに働くことが少なくありません。

なぜかと言うと、ビジネスは水モノだからです。世の中の流れやＩＴの進化、法律の変更により、ビジネスはどんどん変化していくということを忘れてはなりません。

「最も強い者が生き延びるのではなく、最も賢い者が生き延びるのでもない。唯一生き残るのは、変化できる者である」

これは、ダーウィンが残した名言と言われていますが、まさに起業の世界でもあてはまります。

最初から「俺がやる事業はこれしかない」と決めてしまう人は、社会の変化に対応できず、最終的にビジネスの世界から退場させられてしまうかもしれません。

私自身、今はクラウドシステムメーカーを経営していますが、起業当時はクラウドという言葉はもちろん、インターネットもありません。フロッピーディスクやトナーなどのパソコンの消耗品を毎日せっせと売っていました。その当時、自分が将来はクラウドシステムメーカーの社長になるとは、想像したこともありませんでした。

ビジネスも時代も刻一刻と変化し続けていますし、あなたの考え自体が変わってしまうかもしれません。ですから最初から、こうでなければならない、これを絶対にやりぬくんだというのではなく、もっと起業に対しては柔軟に考えておくことをオススメします。

02

今までの仕事の延長線上で考える

たまに起業して、「これは儲かりそうだ」と、今までとは全然関係ない商売をはじめようとする人がいます。残念ですが、成功する可能性は低いでしょう。

業界で長年、さまざまな経験を積み、たくさんの人脈を持っている人でさえ失敗するのが、会社経営です。

ましてや、経験がない素人同然の人が起業してうまくいくというのは、非常に稀なことと言えます。まったく畑違いの仕事に手を出し、借金まみれになり、行方不明になった友人もいます。

だから、最初は、まず自分が働いている会社に関連する仕事で、起業することをオススメします。前述した通り、できるだけ小さなお金で、できることを考えるとなお、いいでしょう。

とはいえ、あなたが勤めていた会社の取引先が大手企業ばかりの場合、それもなかなか難しいかもしれません。おわかりのように大手企業というのは、実績がない小さな会社を相手にしないからです。

もし、時間的な余裕があれば、自分がやりたい仕事の延長線上にある会社に、一度転職してから起業する、というのもひとつの手です。

はやる気持ちはわかりますが、お客様が具体的に見えてくるまでは、起業せずにじっくり待つことも重要なのです。

起業する前にあなたがやるサービスや販売する商品を買ってくれるお客様がすでにいる、つまり見込み客がいる状態ならば、素早くスタートダッシュを切ることができます。

後述しますが、起業はスピードの戦いです。今の仕事の延長線上ならば仕事のノウハウもありますし、現在の仕事をしながら見込み客を増やしていくことができるでしょう。

03

やりたいことがお金になるとは限らない

これをやりたいから、こんな仕事がしたいから起業するという人がいます。それは悪いことではありません。自分が好きなことなら、時間も忘れてとことん仕事に打ち込むことができるでしょう。

ここで、頭に入れておいてほしいのは、やりたいことがお金になるとは限らないということです。

もちろん、「全然儲からなくていい、私はこの仕事がしたいんだ」という人もいます。そういう人は何をしてもらってもかまいません。

「料理が好きだから飲食店をはじめる」「釣りが好きだから釣具店をはじめる」などと、はじめることは誰でもできますし、人間の幸せとはお金だけとは限らないからです。

しかし、もしこの時、「少しでもお金を儲けたい、生活費ぐらいは稼ぎたい」と考えるならば、お金になる仕事かどうかをまず考えるべきです。

つまり、それが儲かるかどうか、お客様がお金を払ってくれるかどうかは、まったく別の話なのです。

忘れがちですが、事業とは、お金を払ってくれる人がいるかどうか、どこの誰に売れるのかが、重要なのです。

とはいえ、稼げる事業かどうかの判断は、やさしいものではありません。

「こういうことに困っている人がいるはずだ、需要があるはずだ」

このように考えて起業しても、困ってはいるけれどお金を払うほどのことでもないと思われたり、ほしいけれど値段が高すぎたりすることもあるでしょう。

そこで、大きく外さないためにも、実際にあなたが「これは知り合いの○○さんなら、必ずお金を払ってくれるはずだ」と具体的な名前を言えるものでないと、事業としては成り立たないと考えるべきです。

たとえ、あなたがやりたい仕事がいかに素晴らしい事業で社会貢献にもなるようなものでも、誰もお金を払ってくれないのでは、スグに行き詰まってしまいます。もし自分のやりたいことがお金にならない、儲けにくいならば、違う商売を考えたほうがいいでしょう。

04 普通に売っているものを売る

「新しくこんなものを売りたい、こういう斬新なサービスをみんな求めているハズだ」

こう意気込んで起業する人もいますが、たいていは全然売れなくて撤退します。なぜそうなってしまうのかというと、起業時の会社経営と会社が安定してからの会社経営は、事業のやり方が少し違うからです。

起業して数年経ち、ある程度お客様もあり資金もある状態。つまり事業がそこそこ成功しているという場合には、今までにない新しいものに手を出しても問題ありません。

しかし、起業というのは一発勝負、失敗は許されないのです。

だから、新しいサービスや斬新な商品があっても、まずは普通に売っているものを売ったほうがリスクを回避できます。

そもそも、今まで誰も考えついたことのないもの、世界ではじめてというものはなかなか売れないからです。日本人だけでも1億人以上いるのです。その1億人が考えたこともないものはたぶん売れません。それに、あなたが世界初だと思っているだけで、本当はどこかの誰かが販売し売れずに撤退しているのかもしれません。

ですから起業後、ある程度会社が軌道に乗るまで、まったく新しいもの、斬新なものは我慢してください。売上が安定し利益が出はじめてからでも、遅くはありません。

つまり、特別なものを売る必要はありません。

物販なら消耗品や生活用品の販売でもいいですし、サービスならエアコンや家のお掃除などありふれたものでいいのです。消費者が聞いてすぐわかるもの、商品自体に信用があるもの、これが普通のものです。

あなたが何者であっても、聞いたことがない会社であっても、今まで他の店で買っていたものと同じものなら安心して買ってもらえるのです。

こうした、みんなが知っている普通のものを少し安くしたり、サービスをよくしたりして、まずは会社を軌道に乗せることが、起業時には重要なことです。

05

ビジネスのネタは誰かが出した広告で

世の中には広告があふれかえっています。家から会社に行くまでの間、いくつ広告を見るでしょうか？

朝起きて新聞を見るとそこに広告、メールをチェックしようとパソコンを開くと広告、スマホにも広告、電車に乗れば……とキリがありません。とにかくどこもかしこも広告だらけです。それを邪魔な広告だなと思うか、ありがたいと思うかが運命の分かれ目になるかもしれません。

なぜなら誰かが広告を出すということはそこにビジネスがあり、広告を見てお金を払う人がいるという証拠だからです。情報感度が高い人は、こうした広告からビジネスのヒントを見つけることもあります。

先日、近所のスーパーに『勉強が大嫌いな子の塾』という小冊子が置いてありました。

その後、会社のそばのファミリーレストランにも『勉強してもスグ飽きてしまう子のための家庭教師』という小冊子が置かれていました。

ここから次のように仮説が立てられます。

「普通、塾は偏差値の高い子供を集めて、塾の優秀さを伝えようとするはずなのに、この広告は真逆だ。また塾の広告は普通、新聞折込のチラシなのに、高額な小冊子を作るということは事例がないと親が信用しないからかもしれない。つまりこの広告のターゲットは勉強についていけない子供に困り、そのために高いお金を払う親ではないだろうか」

さらに、「この広告に反応する親は、勉強の大切さを知っているから頭がいい人ではないか。多額のお金を支払えるということはお金持ちではないか。小冊子がスーパーやファミレスに置かれていること

から、これを手にとるのは父親ではなく母親だろう」と、最終的にこの広告のターゲットは「頭のいい奥さんで家がお金持ち」という推測ができます。

数多ある広告がすぐビジネスに役立つかどうかは別として、「どうしてこういう広告を出すのだろうか」と考えるクセがついていると、ひょんなことから自分のビジネスとのつながりを発見したり、今までにない新しいビジネスモデルを思いつくかもしれません。

知り合いの成功社長が「ＦＡＸで来るＤＭはいいよね。いながらにして無料でいろんな情報を教えてくれる」と言っていました。他社が出した広告は情報の宝庫なのです。

06

商売は片手が必要

10年以上前、私は起業家の支援団体、日本エンジェルズ・フォーラムという団体に協賛していたこともあり、多くの起業家が私の会社へ相談にいらっしゃいました。当時トラックの配送システムを販売したいという社長が来た時のお話です。

社長「GPSを使ったトラックの配送システムなんですけど、今どこにトラックがいるか、どのルートを何時に通過したのか、履歴も残るシステムで起業しようと思っています」

私 「そうですか。どんなものかわからないので、試作品でもいいから見せてください」

社長「いいえ、まだ作っていません」

私 「そうですか。社長はトラックの関連業種、物流の配送にコネクションがあるんですね」

社長「いいえ、ありません」

世の中ではこれを妄想と言います。システムもないしツテもない。単純に頭のなかだけで、作ったしくみです。こんなものが売れるはずもありません。

この社長には早々にお引きとりいただきました。商売というのは片手、つまりお客様か商品かどちらかがないと、スタートできないものです。先のトラック配送システムだと「配送システムは作ったけれどお客様がいない」、または「お客様はいるけれど配送システムがない」のどちらかならば、スタートできます。何もない状態でうまくいくはずがありません。

しかし、この人を笑うことはできません。こういう起業家はたくさんいます。特に脱サラして飲食店を経営しようとする人にこの傾向があります。お客様もいない、飲食店で働いたこともない。そんな人がはじめる商売がうまくいくはずもありません。ちなみに飲食店の倒産率は3年で5割だそうです。まさに自殺行為と言えます。

まずは片手を用意しましょう。ノウハウのある商品やサービスで事業をはじめるか、既知のお客様へ販売する事業をはじめるか。起業はどちらかがないとスタートすることができないのです。

07

最初はストックの商売より フローの商売

数千円ですが、毎月売上が上がっていくという商売に手を出す起業家がいます。これは会社経営として間違っているわけではありませんが、起業家が最初にやるビジネスではありません。

毎月黙っていてもお金が入る売上をストックビジネス、売らなければお金が入ってこないビジネスをフロービジネスと言います。

毎月、営業しなくてもちゃりちゃりとお金が入ってくるストックのビジネスは、非常に魅力的なのですが、入金額が小さすぎるのが難点です。

起業とは時間との戦いです。起業家はストックではなく、フローのビジネスからはじめるべきです。

なぜなら今月売上3万円、翌月5万円……と毎月小さなお金しか受けとれなければ、そのうちに、結局は資金繰りで会社が倒産してしまうからです。

起業家は、自分の給与や経費もコストと考えなければなりません。あなたが「数年間1円も会社からもらわない。広告費も交通費も自分で負担する」と言うのなら、ストックビジネスでもうまくいくと思いますが、そういうわけにもいかないですよね。

もしはじめから毎月売上があるストックビジネスをしたいのであれば、初期費用を必ずとるしくみにしてください。できれば初期費用40万円以上が望ましいです。フルコミッションの営業会社のインセンティブはなぜかどの会社も40万円です。

1か月間にひとつしか売れなくても今月どうにか生活できる程度のお金が入るということは、起業家にとって非常に重要です。

とはいえ、フローのビジネスがいいと言っても、一度売ったらもう売れないという商品、いつも新規を追い求めるサービスは大変です。できれば何か再度買ってもらえる商品か、追加で注文が来るような事業がいいでしょう。

消耗品ビジネスはその最たるものです。ストックビジネスではありませんが、定期的に売上が上がります。何度でも食べたい美味しいお菓子やターゲットの絞られた健康食品、お年寄りをターゲットにした便利屋なども再受注がありそうです。

また、アップセルと言って、以前購入したものより上級グレードの商品やサービスを作り、既存の顧客にさらに販売するという方法もあります。

ビジネスを考える時には売った後のこと、未来を想定してみるといいでしょう。

08

世界中の人に売らない

たまに、人類なら誰もがほしがる、夢のような商品を売ろうとする起業家に遭遇します。「東京には今1300万人以上の人が住んでいて、日本人の人口は1億2000万人以上、世界なら……」

とにかく話がでかい。こういう夢のような商品は逆に言うと、誰にも売れない商品、ターゲットを絞りきれていない商品とも言えます。

それに、そもそも誰もがほしがるような商品をとり扱う場合、それ相応な費用が必要となります。

多くの人に売るなら、商品を知ってもらうための広告費も膨大です。人を雇う必要がありますし、倉庫や配送などの物流コストもかかります。お金にしても人にしても、会社を作ったばかりの起業家の手に負えるようなビジネスではありません。

あなたの商品は世界中の人が買ってくれなくてもいいのです。特定の地域のごく一部の人が買ってくれるものでいいのです。つまり『お客様の見える商品』です。

また、ターゲットや見込み客は多ければ多いほどいいと考えて、何千人もいる団体や、加盟企業が多い公共団体などへ積極的にアプローチをする起業家もいますが、たいていは徒労に終わります。その団体に入っている人が買うかどうかは、その人ひとりひとりの判断なのです。団体が強制的にあなたの商品を買わせることはまずありません。

前提として、規模が大きければ大きいほど、団体の会員への影響力は弱くなります。

「某所の商工会議所と提携しました。これでうちの商品も爆発的に売れると思います」

こう言っていた起業家の方に1年後お会いしましたが、結局ひとつも売れなかったそうです。母数の大きなものほどあてにならないのです。

むしろコミュニティに会員が十数人ほどで、「ちょっと説明してくれないかなぁ」。こういった話のほうが商品は売れるのです。

09

値段のあるものを売る

世の中には値段のないものを売る人がいます。

「えっ、そんな人いるの？」

こう思われたかもしれません。

そこで、今まであなたがもらった名刺を見てください。半分くらいの人が値段のないもの、つまり見積もりを出さなければならない商品やサービスを売っている人ではありませんか？

税理士や社会保険労務士といった士業は、ある程度の相場がありますので、値段がとんでもなく高い、安いということはありません。

一方、デザイン、コンサルティング、工事などは、見積もりをもらわないと、値段がわかりません。

ひとつ数百万円の高額なものを売るならば、見積もりを出す商売も「あり」なのですが、利益の少ない商品やサービスならば、定価があるものを売ったほうが販売しやすいでしょう。

起業家は時間との戦いです。定価のないものは買う見込みのない人や、そもそも買う気のない人がやってくる可能性があります。

昔、魚を扱う問屋さんから鮮魚の管理システムを作ってほしいと依頼されたことがあります。

私は丸2日間かけて市場や倉庫、事務所に行って現在の管理方法を綿密に調査し、社長に見積もりを渡しました。見積もりは800万円です。

すると社長から「なんだ、こんなシステム数十万円で作れると思ってたよ。こんなに高いならいらないよ」と言われ、まったくお話になりませんでした。

私の知り合いに、「初回は無料相談で、相談内容によりお見積もりいたします」というしくみにしていたコンサルタントがいましたが、見積もりを作ってもお客様が考えている金額とはかけ離れていて、契約がひとつもとれなかったそうです。

とはいえ、見積もりしなければならない商品もあるかと思います。その場合でも適当でいいので、値段の目安をつけることをオススメします。金額例という形で表示してもいいでしょう。

①サービスの内容を紹介する
②サービスの料金例を提示する

こうすることで冷やかしのお客様や、相場感のないお客様からの問い合わせから、逃れることができます。

起業家は売れるお客様と売れないお客様をいかに早く選別するかが重要です。引っ張りまわされた挙句、結局売れなかったということがないようにしたいものです。起業家に無駄な時間は一切ないのです。

10

ニーズを自分で作らない

占い師が自分自身を占えないのと同様に、経営者は時として勝手な思い込みでニーズを作って失敗することがあります。

ある時、新しい化粧品を作った起業家が相談に来られました。どういう商品かお聞きすると食べられる化粧品とのこと。

「井上さん、小さいお子さんがいる家庭だとお母さんの化粧品をいたずらする子もいます。中には化粧品を食べてしまう子もいるんです。そこで当社では食べても平気な化粧品を作りました。こうした悩みを持っているお母さんは多いと思うんです。ためしに食べてみてください」

こう言われ、しかたなく食べてみました。言うまでもなく美味しいものではありません。

さてさて、食べても平気な化粧品って、本当にニーズがあるのでしょうか?

小さなお子さんがいる家庭のお母さんで、こういうことに困っている人がいるのかもしれませんが、ニーズと言えるほどのものではないと思います。

ニーズというのはお金を払ってでも、今スグ手に入れたいものなのです。お客様が「買いたい」と強く思わない限りは、財布のひもをゆるめることはありません。ご自身が買う側の立場になれば、この購買心理は理解できるはずですが、商品開発をする時になるとすっぽりと抜け落ちてしまう人がいます。

新しい商品やサービスを考え出すのはいいことではありますが、ビジネスとしてやってみる前に、本当にニーズがあるかを冷静に自問自答してみてください。

11

自分で全部やれるビジネスかどうか

起業したてにもかかわらず、自分に足りない部分を補うために人を雇ったり、外注したりする社長がいます。

これは資金が潤沢ではない起業家がやることではありません。起業してしばらく経つまで、自分自身でできない仕事、人に頼らなければできない仕事は選択しないほうがいいと考えましょう。

会社経営は何が起こるかわかりません。経営者というのは資金が尽きて外注先に支払えない、社員が突然辞めた、取引先が倒産してしまったということがあっても、自分ひとりでなんとかしなければなりません。それが会社経営というものです。

会社員時代には困ったことがあっても、会社や上司がなんとかしてくれましたが、起業したらあなたしかいません。自分自身でなんとかできないものをビジネスにするのは非常にリスキーです。

ここで、ある起業家がホームページ作成の仕事をはじめた例をあげましょう。彼は営業が得意なものの、ホームページの作成は素人でした。

そのため、ホームページの製作は外注

し、自分は営業だけをすることにしました。抜群の営業力で、見る見るうちに売上が上がっていきました。

ところがある日、彼が販売したホームページでトラブルが起きてしまったのです。彼にはどうしようもありません。後に、彼が信頼していたホームページ製作会社は、レベルが低い会社だったことが判明しました。製作会社もトラブルの原因がまったくわからない状態です。彼はどうしてよいかわからず途方に暮れました。

起業を志す人のなかに、事業は何でもいいからとにかく起業したい、社長になりたいという起業家がたまにいます。

こういった人のなかには、この事業をやりたいというのではなく、自分の持っているスキルさえ活かせればいいと考えている人が少なくありません。販売が得意、人脈があるなど、さまざまなパターンがありますが、事業そのものには大して興味はなく、自分のスキルで勝負しようとしているんですね。

スキルを活かすという考え方は素晴らしいと思いますが、先ほどの起業家のように、ホームページの製作については一切何もわからないということでは困ってしまいます。

得てして、スキルで起業しようとしている人は、自分はそのことに関しては知らなくていい、学ばなくてもいいと考えている人が多いように感じます。それは大きな間違いです。もしスキルで起業するなら、最初はよくわからなくても、猛勉強してその道の専門家になるまで知識を蓄えてほしいところです。外注先がたとえなくなっても、自分でなんとかできるレベルまでは勉強しましょう。

社長業とは、誰も助けてくれない孤独な仕事です。起業家はトラブルの時に自分自身でなんとかできるビジネスしかやってはいけません。もし、スキルを活かすために外注したいのなら、次のステップを踏んでください。

・知識を蓄え、自分でなんとかできるまでレベルアップする
・その上で効率を上げ、売上を加速させるために業者へ外注する

「俺が詳しく知らなくったって、外注先ができるっていうからいいんじゃないの」
そう思うかもしれませんが、一通り学ぶことに意味はあります。自分のスキルや知識が

低ければ、トラブルへの対応はもちろん、依頼する外注先の仕事のレベルさえわかりません。世の中には、仕事が適当な会社やレベルが低いくせに、広告だけがうまい会社がいくらもあるのです。そんな会社に頼んでしまったら大変です。

起業時はすべて自分でできることだけをする、どんなことを聞かれても確実に答えられるというレベルに達していなければ、起業しても成功とはほど遠いことになるでしょう。

『29才、オヤジの小さな会社を継いで年商20億円にした私の方法』（明日香出版社）という本を書いた並木達也社長は、親が経営する薬の関連の会社を引き継ぎましたが、それまでは会社員としてまったく畑違いの会社に勤めていたため、薬の知識はまったくなかったそうです。

そこで並木社長は、まず知識をつけなければならないと薬の辞典を一冊全部丸暗記したそうです。

こうした努力なしに事業が成功することはないのです。

12

10円支払う人と支払わない人の差は大きい

フリーミアムというビジネスモデルを知っていますか？

ポータルサイトを作り、閲覧は無料にしバナー広告で収入を得る、無料でシステムを配り高機能のものが使いたい場合には有料にする、ゲームは無料でアイテムに課金させるといったビジネスです。無料ですからユーザーは増えるのですが、有料に切り替える人はほとんどいないというケースに陥りがちです。

そのため、これらが成功するのは、資金が潤沢にある老舗企業や大手企業だけと考えていいでしょう。リスクが大きいため、起業家が手を出すビジネスではありません。

今から十数年前、起業家や中小企業向けのビジネス倶楽部を立ち上げた会社がありました。会員向けにビジネス文例集や助成金補助金システム、経営者向けの月刊誌を半年間無料で提供していたこともあり、数か月で1万人の起業家、経営者を会員にしました。

社長は元監査法人の公認会計士だったため信用力もあり、VC（ベンチャーキャピタル）から数十億円のお金を集め、社員も数名から一気に100名を超えたそうです。

ある日、その会社の取締役が弊社を訪れた時、彼らの事業計画を見ると、3年後には有料版を使う人が10万人と書いてありました。

「当社は3年後には株式公開を行います。井上さんのところのコンテンツを売ってください」

先方はこう切り出してきたのですが、私はうまくはいかないように感じていたのです。

「いいですけど、御社のビジネスがうまくいくとは思えないので、前金でいただけますか」

取締役は激怒しましたが、その後この方とは和解し親しくなったため、お金も後払いでいいですよと伝えました。

そして半年後、「井上さん、実は先月から有料にしたのですが、芳しい状況ではありません」とのこと。状況をお聞きすると有料版になった途端、1万人の会員は数名になってしまったそうです。無料の人は無料だから使う人なんです。たとえ料金が10円であっても「お金を払ってください」と言った瞬間から、みんな蜘蛛の子を散らすようにいなくなってしまうものと考えておきましょう。

13 ビジネスモデルを考える

成功している会社には、きちんとしたビジネスモデルがあります。

「あっ、それならうちもありますよ。商品をとことん安く仕入れて、幅広い客層に売る。これがうちのビジネスモデルです」

いえいえ、そういう話ではありません。ここで言いたいのは、他と異なるコンセプトというか収益のしくみという意味でのビジネスモデルです。

たとえば、ディスカウントショップはドン・

キホーテが有名ですよね。他にもロジャース、コメ兵、オリンピック、ラ・ムーといったディスカウントショップがあります。

しかし、その中で突出して成功しているのがドン・キホーテです。

さて、ドン・キホーテは他のディスカウントショップと、いったい何が違うのでしょうか？

陳列方法でしょうか、立地でしょうか、仕入れでしょうか？

どれも違います。ビジネスモデルが違うのです。物販としてのドン・キホーテの収益率は他のディスカウントショップとたぶんあまり変わらないでしょう。

ちょっと思い出してください。

ドン・キホーテの駐車場では、たこ焼き屋とかクレープ屋とかが営業していますよね。店内のワゴンの前ではサングラスだけを売っている人もいます。

実は、ドン・キホーテが、他のディスカウントショップと違うのは、店内のすべてを一日いくらで貸しているところなのです。

極端な話、ドン・キホーテはテナントのレンタル業と言えるでしょう。通常のディスカウントショップと同様の販売もしていますが、駐車場や店舗スペース、店内のワゴンなどの販売スペースを業者に貸して収益を上げているのです。なんと店内の壁や自動販売機にポスターを貼る権利まで貸しています。

つまりドン・キホーテという集客マシンを利用したテナントレンタルにより、高い売上と利益を生み出しているのです。

ところで当社、フリーウェイジャパンは経理、給与、販売管理などのクラウドシステムを無料で提供していますが、「お宅はそんなことやっていて、会社は大丈夫なの？」とよく聞かれます（笑）。実はこのサービスは会社からお金を一切もらわなくてもやっていけるビジネスモデルなのです。

一般的にクラウドメーカーは数か月間無料で使えますとか、この機能を使いたいなら有料版にしてくださいというのがビジネスモデルです。

しかし当社は、ほぼ全部の機能を無料で提供しています。無料と有料の差は処理できる社員の数などです。

ではどこから収益を上げているのかというと、こういったコンセプトに賛同する税理士事務所からお金を頂戴しているのです。

具体的には、次のような流れです。

・税理士事務所が会社から顧問を依頼される
・その会社の会計ソフトはすでにフリーウェイ経理という無料システムを使っている
・それならうちの事務所でもフリーウェイ経理の有料版を購入しよう

つまり税理士事務所からお金をもらうことで、会社は無料でシステムをずっと使うことができるのです。

あなたも業界全体は低調なのに、どうしてこの会社だけが儲かっているんだろうと不思議に思ったことがありますよね。世の中で成功している会社には大なり小なり何か秘密があるのです。

最後に問題です。

ツタヤはビデオショップとして後発なのに、なぜこれだけ成功したのでしょうか?

もちろんビデオレンタル業としてではありませんし、Tポイントカードでもありません。

ヒントは金融商品です。ちょっと考えてみてください。

Chapter 2

会社を辞める前にしておくこと

14

クレジットカードは起業したら作れない

「実は会社を作るんだ」

銀行の友人に話したところ、このようなアドバイスをいただきました。

「それなら今のうちにクレジットカードをいくつも作っておいたほうがいいぞ、自分で会社を作ったら数年はカードを作れないからな」

言われるまま、私は有名な会社のクレジットカードを数枚作りました。

起業するまでクレジットカードなんて一回も使ったことはありませんでしたから、「そんなものなくたって、別に困らないけどなぁ」としぶしぶカードを作ったのを覚えています。

そして1年後。銀行の友人の言うとおりでした。短期の数万円のお金にも困る毎日。起業して数年はクレジットカードが擦り切れるほど利用しました。

会社設立当初、自分の会社の社員はクレジットカードが作れるのに、「どうして俺自身はクレジットカードが作れないのかなぁ」と奇妙に思ったこともあります。

話はものすごく単純です。つまるところ、起業家は社会的にまったく信用がないということです。

会社員というのは、今の会社を辞めても次の会社に転職すれば、収入があります。それに対し、社長はとんでもないほどの借金を抱えることになるかもしれません。売掛金が回収できないこともあります。金融機関は、そのことをよく知っています。だから信用がないんです。

ですから、起業の前にはまずクレジットカードを数枚作っておきましょう。

昔、弊社の社員がパソコンを十数台受注しました。大きな売上で彼は大喜びです。パソコンを秋葉原で買えば50万円くらいの利益になるはずです。

でも、私は浮かない顔です。なぜなら、手元には現金がないからです。結局、カードでお金をかき集め、パソコンを買うことになりました。

起業すればわかると思いますが、来週、入金される予定なんだけど今は現金がまったくないという状況は常にやってくるのです。

15

あなたの前職の肩書はまったく役に立たない

あなたは会社を辞めた途端、手のひらを返す人たちにたくさん出会うはずです。顧客はあなたに感謝していたのではなく、あなたの会社に感謝していたのです。

私にも経験があります。前職でいろいろ便宜を図ってあげた会社がありました。無理も聞いてあげましたし、担当者ともすごくいい関係でした。

ところが会社を辞めた途端、私の後輩がその会社の担当者から「井上さんには迷惑かけられたよ。あなたはちゃんとしてね」と言われたそうです。

また、当社に元日本債券信用銀行（現あおぞら銀行）の取締役がいました。彼は銀行の融資のトップとして数十億、数百億円の貸付をしてきた人だったので、大企業には顔がききます。

ある時、銀行から大手のタクシー会社を紹介され、元取締役と私はタクシー会社にお伺いし、システムの提案をしました。タクシー会社の副社長が熱心に話を聞いてくれましたが、その後はナシのつぶてです。

その後も銀行から紹介はしてもらえるものの、契約してくれるところは一社もありません。

巨大銀行の取締役でさえ、こういう状態です。あなたが前職で素晴らしい肩書、経歴を持っていたとしても、まったく役に立たないでしょう。起業というのはリセット、前職の地位も肩書もゼロなのです。

とはいえ、何もかもゼロなのかというとそうではありません。前職で培った「縁」だけは残ります。起業家にとって最大の武器は縁、人脈なのです。

会社を辞めてもあなたとつき合いたいという他社の人脈が、起業の成功・失敗のカギを握っているといっても、過言ではありません。

16

地銀と信金に個人口座を作っておく

あなたは会社を作ろうとして、メガバンクに行って口座を作ろうとします。

しかし、窓口では残念ながらと、なぜか断られます。会社員の時にはニコニコしながら口座を作ってくれた行員も起業した途端、冷たい対応です。

いろいろな会社と取引する時に、メガバンクに口座があったほうがカッコイイと思うのはわかりますが、起業の時にメガバンクはまったく役に立ちません。融資をしてくれるわけでもありませんし、会社に来てくれるわけでもありません。

恐縮ですが、彼らから見ると、あなたの会社はゴミのような存在なのです。

ですから、まず起業前に近所の地銀や信金などに個人口座を作っておきます。そして起業時に「会社の口座を作りたいんですが」と相談に行きます。できれば1年以上前から積立や公共料金の引き落としなどで、パイプを作っておいたほうがいいでしょう。

起業というのはすべてゼロからのスタートです。もちろん銀行からの信用もゼロです。

そこで、先に個人口座を作っておくことで、少しずつ信用を積み立てていくのです。そうすれば起業後、法人口座もスムーズに作ってもらえますし、融資の相談もできます。

ちなみに、信金で口座を作ろうとすると「積立をしてください」と言われますので、笑顔で「もちろん」とお答えください。積立といっても毎月1万円です。1万円で信用が作れるなら安いものです。

たとえ会社が軌道に乗り、そこそこの会社になったとしても、メガバンクにとってあなたの会社は、まだまだ小さな存在です。そこをわきまえておきましょう。

一方、地銀や信用金庫から見ると、起業した後でも、あなたは大切なお客様かもしれません。

起業時には見た目のかっこよさよりも、将来お金を貸してくれるところ、大切にしてくれるところを優先させましょう。

17

もらえそうな補助金、助成金、融資を先に調べる

起業して数か月以内にしなければならない手続きや申請すべきものがいくつかあります。もちろん、税務署での青色申告の届け出は必須ですが、その他に補助金、助成金、創業融資などがあります。特に創業融資は起業する前に関係各所へ相談に行っておくべきです。

必要要件を満たしているからと、安心していてはいけません。起業後に申請したけれど、問題点を指摘され結局融資を受けられなかったという例はいくらもあります。たとえば、要件のひとつに、「以前、勤めていた会社と同じビジネスを行う場合に限り」という条件がついていることもあります。

また、助成金、補助金などは申請し受理されても、お金をすぐにもらえるわけではありません。あなたが使ったお金の何パーセントを後からお支払いしますといったものがほと

んどです。

つまり、あなた自身がまずお金を出して、さまざまなものを購入し、その後支払い申請を行ってお金が戻ってくるというしくみです。

これも同様に、書類や領収書などをきちんと持って行っても、支払い時にこれは認められませんと言われることがあります。これはどうかなと思われるものに関しては、事前に確認しておくことが必要でしょう。

こういったことから補助金、助成金は最初から当てにするものではなく、「もらえれば儲けもの」といった感じにとらえておいたほうがいいと思います。補助金、助成金が必ず入ってくることが前提といった事業計画を立てると後でしっぺ返しが来るかもしれません。

Chapter 3

会社の設立、本に書かれていないこと

18

会社を経営するには当初いくら必要なのか

会社設立の方法や金額などは、起業の実務みたいな本に記載されているので、ここでは省きますが、単純に会社を経営するだけなら設立費用を除けば、たいしてお金はかかりません。税金も赤字ならほとんどかからないでしょう。

では会社経営において何に一番お金がかかるのでしょうか？

それは、あなたの生活費です。「えっ」と思われましたか？

あなたが生活するために1か月いくら必要か、生活費を超える利益をいつから稼げるか、これが会社経営にかかるお金と言えます。

・当初の経営資金

1か月の生活費×経営が軌道に乗るまでの月数

つまり、あなたが生活に必要とするお金が月に20万円とすると、経営が半年後に軌道に乗るなら、20万円×6か月後と計算して、資金は120万円あればいいことになります。生活費が月に50万円、軌道に乗るのが1年後なら資金が600万円は必要です。

とはいえ、広告を出したり営業経費、通信費、交通費などを考えるとさらに何百万円か必要になる可能性もあります。これは最低いくらあればいいのかぐらいとして、参考にしてください。

創業してから10年後に残っている会社は1割と言われています。起業家の倒産理由は身体的なことを除けば、利益が自分の生活費を超えられないためです。

早く売ることが大切だと何回も言うのは、会社を早く軌道に乗せないと会社のお金があなたの生活費で消えてしまうからです。起業とはお金がなくなる前までに事業を軌道に乗せられるかどうかというスピードの戦いなのです。

19

資本金に注意

日本の税法や商法はコロコロ変わるので、常に今はどうなのかを調べてから会社を設立することが重要です。

20年ほど前は、資本金は株式会社を作るなら1、000万円が必要でした。その後、資本金を2、000万円に引き上げるという論争もありました。

もちろん今は、株式会社でも資本金1円で会社は作れます。とはいえ、設立費用なども必要ですし、銀行に預けるお金も必要ですか

ら、資本金1円というのは現実的ではありません。

これは考えなくてもわかりますよね。対外的にも資本金1円の会社と取引するのは敬遠されるでしょう。後で増資するのも面倒です。

資本金はいくらならいいという基準はありませんが、資本金が1，000万円を超えると消費税の課税対象になりますので、資本金は多くても999万円までにしておいたほうがいいでしょう。もし起業時にもっとお金が必要な場合には、あなたが会社にお金を貸すといった形にしてもよいと思います。創業時の融資は資本金の金額にも左右されますので、よく考えて決めてください。

また、資本金は誰が出すのかといった点も注意が必要です。友達と会社を作る際、「じゃあ資本金は半分ずつ出そう」と考えるのは、非常に危険です。というのも、仲が悪くなった時に資本金で揉めるというのはよくある話だからです。

ここで、典型的な例を紹介しましょう。

仲間3人で資本金を出しあい、会社を設立しました。その後、事業がうまく行かず2人は退社することになりました。その時資本金を返す返さないという話に発展していったのです。

「事業を途中で放り投げ、勝手にやめるくせにお金を返せとはどういうことだ」

「お前が事業をやりたいって言い出したんだろ。俺はそれに乗っただけだ。早く資本金を返せ」

揉めに揉めたあげく結局、会社は解散しました。

こうしたことがあるので、2人以上で会社を作る際、できれば資本金は全額をあなたが支払うという形がベストです。

ちなみに先ほどの場合、法律上、資本金を返す義務はありません。

本来ひとりで出すのがベストな資本金ではありますが、ひとつ注意したいことがあります。

資本金の出資者の比率によって、税法的にまずいことになるケースがあります。今は違いますが、前は90%以上の資本金を出したのが社長ひとりとか親族のみといった場合に、税金が高くなることがありました。

このあたりは税務当局とのイタチごっこなので、何とも言えないところですが、資本金は常に最新の情報をつかんでから決めたほうがいいでしょう。

20
レンタルオフィスに入るなら、登記に気をつける

本社の住所は東京のほうがカッコイイと、わざわざ東京にレンタルオフィスを借りて登記上の本店所在地にする社長がいます。

これはよく考えてから決定してください。長い間、そのレンタルオフィスにい続けるつもりならいいのですが、会社がうまくいったら引っ越ししようと考えているのであればレンタルオフィスを本店所在地にするのはやめておいたほうが賢明です。

まず登記の住所を後で変更するのはかなり面倒な作業です。関係各省庁への手続きはもちろん、銀行への連絡も必要です。所轄が違う場合にはあっちへ行ったりこっちへ来たりということになります。

また、レンタルオフィスが本店所在地の場合、銀行が口座を作ってくれない場合もあります。銀行もレンタルオフィスの住所は知っています。いつ移転するかわからない会社に

口座は作ってくれません。

蛇足ですが銀行口座を作ろうとすると、銀行の担当者は「なぜ当行の当支店なのですか」としつこく聞いてきます。合理的な理由がないと拒否されることもありますので、口座を作りに行く前に回答を考えてから、銀行へ行ってください。

話を元に戻します。

では、本店の住所はどうしたらいいかというと、名刺やカタログ、ホームページには本社を東京のレンタルオフィスにしておき、登記上の本店所在地は実家や自宅にしておくのです。取引する際にいちいち登記簿を見せろという会社はほとんどありませんし、違っていても特に問題が起こることもありません。実際、私自身は埼玉県が実家で登記も埼玉県でしたが、ずっと東京の貸ビルを本社として名乗っていました。

ただ、自宅や実家が東京からかなり離れている場合には、本店所在地をレンタルオフィスにしてもいいでしょう。関係各省庁や税務署からの連絡等は本店所在地に届きますので、もし遠方の実家を本店にした場合、郵送物をいちいちとりに行くか、送ってもらわなければなりません。もちろん、納税も税務調査も本店所在地になりますから、税理士も地元の人に依頼しなければなりません。

Chapter 4

会社を作って はじめにやること

21

資金繰り問題の先手を打つ

信金や地銀に個人口座を作ったり、創業資金の相談に行った方は、来るべき資金繰り問題に先手を打ちましょう。

借りられるお金は、まず借りてしまうのです。

大赤字で資金繰りに窮した会社には誰もお金を貸してはくれません。あなたも返してくれるかどうかわからない友達にお金は貸しませんよね？

それに、今は金利が相当安いですから借りておいたほうがお得です。融資の相談に行くと信用保証協会を通す形になるので、保証料を支払わなければなりませんが、それでもトータルの支払額は相当安いはずです。

ただ普通の融資は1回目の決算が終わるまで、つまり設立後1年間はお金を貸してくれない場合もあります。起業時にはまずネットで地域の創業融資を検索してみてください。

ちなみに、いくらぐらい貸してもらえるのか、気になりませんか？

それは事業内容にもよりますが、目安として、自己資金の2倍程度です。つまり150万円の自己資本があれば、300万円程度の融資を受けることができます。

ただここで重要なことをひとつ。もし自分が会社員の感覚からまだ抜け出していないのならば、お金を借りないことです。単純に借りた分のお金が生活費としてなくなるだけで、事業が大きくなることはありません。そしてその後、返済地獄がやって来ます。

これは、資金が尽きそうになった時の話です。

私がまだ会社員の感覚から抜け出ていない時に、銀行から300万円のお金を借りました。半年すぎたあたりでまた資金が尽きそうになり、そこでまた銀行から300万円を借り、3か月後にまた資金が尽きそうになりました。今度は300万円の融資依頼をしましたが、200万円しか借りられず、そしてこの200万円はたった1か月でなくなりました。資金がなくなるスピードは加速していくのです。なぜかというと、最初に借りたお金の返済があるからです。

結局、月々の支払いがどんどん大きくなっていき、大した利益もないのに私は毎月15万円も支払うことになりました。毎月返済に追われる毎日です。創業時は本当に銀行にお金を返すためだけに働いた5年間でした。

22 決算や税務申告は税理士に頼む

お金がもったいないからと、自分で本を読みながら税務申告をする人もいます。

しかし、これは止めておいたほうがよいでしょう。さまざまな税金をひとつひとつ理解するのは面倒ですし、毎年少しずつ変わる税法を学ぶというのは時間の無駄だからです。不変な知識ならともかく、税法は毎年ころころ変わります。そんなものを勉強する時間があるのなら

ば、本業で儲けたほうがずっと賢明だと思います。

ところで、税理士はどんな仕事をするのか、わかりますか？

税理士は、税金の計算だけをするわけではなく、帳簿のつけ方や資金繰りの相談にものってくれます。利益が出たら、節税のアドバイスもしてくれます。税務署の税務調査の時には一緒に立ち会ってもくれます。面倒なことは、税の専門家に頼んだほうが結果的に安くなるはずです。

「税理士なんて誰でもいい。ネットで安い人を見つけよう」

たまに、こう思っている起業家がいます。気持ちはわかりますが、これは大きな間違いです。

あなたがもしコンサルタントなら、顧問料が月に1万円の人と3万円の人に同じサービスを行いませんよね。3万円の人にはいろいろな情報を提供したり、面倒なことをやってあげるのではありませんか？

税理士も同じで、安かろう悪かろうということです。時給900円の高校生のバイトを雇ったって、一日8時間働いてもらえば7200円かかります。月の顧問料が1万円のサービスというのは、つまりこの程度だということです。決算と申告はやってくれますが、それ以上のことはしてくれません。

特にすごく値段の安い顧問料の税理士事務所は要注意です。ネットに記載された価格を信じて顧問契約しても、何か依頼するとこれは別料金です、これはオプションですと価格がどんどん上がってしまうこともあります。

最初の一年目だけ顧問料を安くして、二年目になる時に突然、「来期は顧問料を3倍にします。嫌ならやめてもらって結構です」という税理士事務所もあります。ネットに載っている価格だけを信用するのはやめておいたほうが賢明です。

また、税理士事務所への顧問料の他にもお金がかかります。それは経理ソフト代です。顧問契約時に、経理ソフトの料金を税理士が負担してくれる事務所かどうかが、ポイントとなります。

というのも、経理ソフトはバージョンアップだけで毎年4、5万円はかかりますから、月の顧問料は安くても、顧問料を年間トータルで考えると結構高くなってしまうからです。

さて、ここから先は秘密の話です（笑）。最初から顧問料が月3万円は厳しいという起業家は多いと思います。

そこでいい方法をそっとお教えします。まずこう言いましょう。

「起業したてでお金がないので、今年は年一決算《ねんいちけっさん》（※）でお願いします。ただ売上が上がってきたら月の顧問料を1万円、2万円、3万円と増額していきたいと思っています。まだわからないことばかりなので よろしくお願いいたします！」

こう言えば、「んー、そうか。将来に期待して、この金額できちんとやってあげよう」となるでしょう。

最後に活用のしかたですが、残念ながら税理士は積極的に「こういうのはどうですか」と提案してくる人たちではありません。聞かれたから答えるという人が多いのが、現実です。

ネットで調べたことや人から聞いたこと、気になったことは税理士にどんどん聞いてみましょう。ちなみにネットの情報は古かったり、間違っていたりと、あまり信用できないものが多い気がします。

腕のいい棟梁を知っているのは、棟梁から仕事を受けている職人です。税理士も同様です。

当社は毎日、多くの税理士と会っていますから、この人はいい先生だ、あの人に頼んだら大変だといったことをよく知っています。フリーウェイジャパンのサイトにも税理士事務所リストが掲載されていますので、そこで探してみてもいいですし、当社でも税理士を紹介していますので、気軽にメールしてください。あなたの要望に合った税理士をご案内します。

税理士選びは、あなたと性格が合う合わないというのも、結構重要なことなのです。

※年一決算：決算料だけで1年間顧問をやってくれる契約。

23

3種類の名刺を作る

実際に営業を開始してみるとわかりますが、社長という肩書は、商売をするには重すぎると感じるでしょう。

実際に飛び込みの営業をする時、チラシを配っている時、お客様に名刺を渡すシーンをイメージしてみてください。もし名刺に代表取締役と書かれていたら、どうでしょうか？社長自身が営業しているなら安心だと、お客様は思うでしょうか？

違いますよね。むしろ「社長がこんなことまでしているのか。この会社は大丈夫かな」と思うのではないでしょうか？

最初、「社長なんです。偉いんです」みたいに名刺を配っていた私も、なんだか相手の反応が微妙なことに気づきました。

そこで、3種類の名刺を作りました。それぞれ社長、課長、主任の肩書です。飛び込み

営業やチラシ配りの時には「私は主任です」と言い、営業的な話やお客様との契約の時は課長の名刺で登場です。こうして名刺を使い分けていました。

えっ、社長の名刺はどう使うかですか？

実は、社長の名刺って、あまり使い道がないんですよ。提携の話とか銀行からの融資とかくらいでしょうか。社長の名刺だけは何年も再注文しなかった記憶があります。コンサルタントなら社長の名刺だけでもいいですが、普通の仕事には社長の名刺は用途がないのです。

名刺は業種に合わせて、料理長、厨房責任者でもよいですし、事業部長、お客様係でもよいです。ＴＰＯにあわせて用意しておくと便利だと思います。

24

必ず契約書を作る

「やった。うちの技術がついに認められたんだ。これで株式公開も夢じゃないぞ」

会社が小さな頃、大手企業からアライアンスを組みたい、提携したいという話が来ると飛び上がって喜びました。

ある時、大手上場企業から当社の技術について問い合わせが来ました。お会いするとぜひ、提携したいとのこと。私は大喜びして、先方の担当者が来ると惜しげもなく重要な資料、ノウハウを大手企業に提供し、当社の素晴らしさをさらにアピールしました。

数回打ち合わせした後、プッツリと連絡が来なくなりました。先方に電話しても担当はいつも不在です。そしてしばらくすると、大手企業から当社と同じものが新製品として発表されました。先方の担当者に電話すると「そのような者は当社には在籍しておりません」と言われました。もちろんお金は一銭ももらえません。こんなことが何回かありました。

ある保険会社からは、どうしてこういうシステムを作れたのか、ノウハウを教えてほしいと連絡がありました。訪問すると素晴らしい会議室に通されました。いかにもできそうな社員が十数人も着席されています。私は汗だくになりながら一所懸命に説明しました。社員の方々も熱心に私の話を聞いてくれました。

打ち合わせが終わり、私が担当の方に「つきましては、お見積もりをご用意したいのですが」と言うと、「知り合いに君のシステム宣伝しておくから。今日はありがとね」と担当者は私に告げ、立ち去りました。

彼らは私の話が聞きたかった。だから当社までノウハウを教えに来いということだったんです。大手企業の社員はこういうことを別に悪いとは思っていません。大手企業はあなたから重要な情報やノウハウをかっぱらっても全然気にしませんし、そんなことは当たり前だと思っているフシさえあります。

大手企業と事業を行うなら、何よりまず契約書が必要です。覚書でもいいです。まず先手を打たなければなりません。何らかの釘を刺しておかないと大手企業にすべて奪い去られ捨てられて終わりです。起業したての時は大手企業が来ると舞い上がってしまい、ヘコヘコしてしまいがちですが、毅然とした態度で接してください。

25

売上を一定の会社に委ねない

ある社長はボールペンを組み立てる下請けの会社を経営していました。大手企業3社から発注を受けていたので、会社は安定していましたし、毎月きちんとお金も振り込まれていました。

しかしある日、その1社が倒産しました。社長はぎりぎりだけど、黒字は維持できるとその仕事を続けました。しばらくしてもう1社が倒産しました。結局、数か月後、その社長の会社も倒産しました。

また、ある会社は車の部品を下請けで作っていました。ある時、メーカーの担当者に呼び出され、次のように言われたそうです。

「実は、海外の会社から売り込みがあって、今の価格の3分の1で請け負ってくれるそうだ。その価格を下回ってくれなければ、お宅との契約はあと3か月で終わりにしたい」

このメーカーのために機械も新規導入している上、社員もスグに解雇するわけにはいきません。社長は泣く泣く赤字で部品を作り続けました。

売上を一定の会社に委ねると、こういうことが起こります。資金が潤沢ならば、こういったことが起こってからでも対処の方法はありますが、起業したての場合はスグに倒産してしまいます。

一見、毎月定期的に収入のある大手からの下請け仕事はおいしい仕事に思えますが、反面、非常に危険な仕事でもあるのです。

お客様はなるべく分散して獲得していくことが重要です。

26

売掛金はとにかく早く回収する

会社のキャッシュフローを悪化させる理由のひとつが売掛金です。

できれば経営が軌道に乗る前は、お客様には現金販売か前金でお願いしましょう。もしそれが難しい場合でも、納品時にはお金をもらえるように交渉したいものです。

会社はいくら赤字でも倒産しませんが、お金がなくなったら、スグに倒産してしまいます。これは、中小企業も大企業も同じです。そのため、お金を残すことを念頭に入れる必要があります。

もし、「当社は末締めの翌月末でないとお支払いできません」という会社なら取り引きを止めることも検討しましょう。額が小さいならまだいいのですが、額が大きい場合には急速にキャッシュフローが悪化します。

たとえば、仕入れは月初の1日に現金で払い、入金が翌月の末日ならば2か月間もお金がない状態が続きます。銀行から借り入れをしているならばなおさらです。先方の金利をあなたが負担することになってしまいます。

また、お客様が倒産したり、商品にクレームを入れてきた場合には入金されない可能性もあります。はじめてのお客様なら、お金を払わずにとんずらする可能性もあります。いずれにせよ、お客様に事情を話して先払いしてもらうか、支払いを早くしてもらえるように交渉すべきです。同時にあなたの支払い、つまり買掛金の支払いはなるべく遅くしてもらうように交渉します。

オススメなのは、20日締めの翌月末払いです。

たとえば月の21日に仕入れをした場合、支払いは翌々月の末日になりますから最長70日間、支払いの猶予ができます。先方が承諾してくれるかどうかはわかりませんが、交渉してみる価値は十分にあります。

27

利益が出ているのにお金が足りない現象を知る

決算になり税理士から「おめでとうございます。黒字です。つきましては税金をお支払いください」と言われます。

「そうか、頑張ったかいがあったな。俺はすごい経営者なのかもしれない」

多くの人がまんざらでもない気分になります。

そして預金通帳を見ると……、「あれっ、お金がない！」とビックリするのです。

「儲かっているのに、お金がないなんて、そんな馬鹿な。何かに使ったかなぁ。いや使ってないぞ。じゃあ、なんでお金がないんだ。不思議だ」

実は、よくこんなことが起こります。理由は簡単です。

キャッシュフローを悪くするのは在庫と売掛金です。

図1を見ると、現金はゼロなのに、利益が100万円も出ています。利益が出ています

【図1】

〈パターン1〉	
売掛金	５０万円
在庫	５０万円
利益	１００万円
現金	０万円

【図2】

〈パターン2〉	
利益	１００万円
銀行への返済	１００万円
現金	０万円

から、もちろん税金を支払わなければなりません。儲かってはいるのです。黒字なんです。でも現金がないのです。

次に銀行からお金を借りている場合です（図2）。

儲かったお金が銀行への支払いで消えているパターンです。銀行から借りた現金は全部使い切ったけど、黒字になった。でも支払いだけは残っている場合です。銀行に毎月返済できているということは、やはり儲かってはいるのです。黒字なんです。でも現金がないのです。

利益が出ているのにお金がないというのは、この2つのパターンがほとんどです。たまに黒字倒産という言葉を聞きますよね。黒字でも赤字でもお金がなくなったら、会社は倒産してしまうんです。

儲かっていても、黒字であっても、常に資金繰りはチェックしておくべきなのです。

28

国より民間

国は企業を育成するためといって補助金や助成金をばらまいています。

しかし、実は大きな金額の補助金、助成金を手にするのは大企業ばかりなのです。大企業には多額の補助金、助成金をもらうために分厚い申請書を書く時間があり、優れた人もたくさんいます。中小企業に落ちてくる補助金、助成金は大企業が見向きもしない少額のものがほとんどなのです。

ちなみに国が考えている中小企業の姿とは、社員数が数百人から1、000人の小さな企業です。

はっきり言って、それ以下の企業は国にとっては、不要なゴミ企業なのです。

会社を経営したこともない、ましてや中小企業に勤めたこともない公務員が考え出した企業育成なんてお題目ばかりで、起業家にとって何のメリットもありません。

今では国より民間による起業支援のほうがずっと実情にあっています。金融機関でも最近は起業家を支援するしくみを作ったり、相談にのってくれるところが増えてきました。

起業家支援ということでは、株式会社リクルートキャリアのアントレが昔から有名です。的の外れた国の支援より、日々実践している民間の支援を積極的に利用して会社を大きく育てていくのが鉄則です。

Chapter 5

起業後の会社経営とは？

29

起業家がやることはひとつだけ

「会社を立ち上げたら、まず経営理念が大切だな。その後は事業計画を作って……」

起業前ならともかく、会社をスタートさせてしまったら、今さらこんなことを考えていてもしかたがありません。やることはいたってシンプル。

・売りに行くこと
・紹介をもらいにお伺いすること
・夜中まで仕事をすること

つまり、営業することに尽きます。

もし、あなたに子供がいるのなら、わかると思いますが、小さな子供はしょっちゅう風邪をひいたり、熱を出したりしていろいろと大変ですよね。

会社経営も同じです。起業したてというのは病気になりやすい子供と同じです。お金もない、人もいない、売り先もないという「幼児期」から少しでも早く脱しなければなりません。起業時は会社が病気になったらイチコロです。会社を存続させるためには一日も早く大人に成ることです。事業計画や経営理念なんてものは、お金が入ってくるようになったら、幼児期を脱してからでいいのです。

起業家が最初にすることはたったひとつだけです。売ることです。

脇目もふらず朝から晩まで商品を売りまくることです。サービスを提供することです。「明日お伺いします」ではなく、今から行きますといったスピードが必要なのです。

30

信用調査には回答する

起業していくつかの会社と取引をはじめると、しばらくして帝国データバンクのような信用調査会社から電話がかかってきます。

内容は次の通りです。

「あなたの会社の売上はいくらですか」

「利益はいくらですか」

「従業員は何名ですか」

こういった感じです。国ならともかく信用調査会社は民間企業ですから、答える必要はありませんし、あなたの会社がうまくいっていればいいですが、赤字の時には答えたくないものです。

しかし、これには回答しておかないと後で困ったことになります。なぜならあなたがリースでものを買おうとすると、リース会社は信用調査会社に問い合わせます。もしそこに情報がないと、リースが通りません。

銀行融資を受ける際も同様です。銀行も信用調査会社に問い合わせます。やはり情報がなければ融資は通りません。

銀行もリース会社もいちいちあなたの会社の状況を聞きに来るほど、ひまではないのです。

「突然、電話をしてきて財務内容を教えろとは失礼な会社だな」と思うかもしれませんが、回答しないとあなたの会社が結果的に損をすることになります。納得行くかどうかは別として回答しておくほうが無難です。

31

人が少ないほど、いい経営

「起業しました、早く人を雇いたいです、何人の会社にしたいです！」

こういう社長は少なくありません。社員が多ければ多いほど素晴らしいと勘違いしている社長さえいます。

しかし、真実は逆で、人なんて少なければ少ないほど、効率がいいのです。雇えば雇うだけ、商売とは関係ないことに頭を悩ませることになります。

給与が不満といった待遇の問題や、社内の誰それさんとはうまくいかないといった人間関係の問題、新規事業を自分で立ち上げ突然退社といった会社の事業に関わる問題もあります。社員の数が多ければ多いほどさまざまな問題が起こり、社長はそれに忙殺されます。

早く大きな会社にしたいというのはわかりますが、大きな会社とは社員数が多いということではありません。売上や利益が多い会社が『大きい会社』なのです。

会社経営を成功させるのであれば、社員数はミニマムにすることをオススメします。そして採用は焦らないことです。私も経験があります。大きな見出しの求人広告を高いお金で出した時は、いい人が来ないと焦ってしまいます。求人広告に使ったお金を回収したくて、まぁこの中だとこの人がいいかなぁなんて雇ってしまうものです。

お金はもったいないですが、気に入った人が来ない時は思い切って誰も採用しないことです。

よく考えてみてください。人をひとり雇ったら社会保険や交通費なども含めると、年間で500万円はかかります。求人広告費の100万円、200万円がもったいないのはわかりますが、できない人を雇い、ミスマッチングでその人が辞めてしまい、また求人広告を出すくらいなら気に入らない人を勢いで雇わないことです。

昔、一気に会社を大きくしたくて、営業社員をいっぺんに4人雇ったことがあります。ところが、1年経っても営業社員全員がほとんど売れません。結局ひとりまたひとりと退社していき、最終的に営業社員4人全員が退社しました。

では売上はどうなったかというとほとんど変わりませんでした。しかも人件費がなくなった分、会社は大幅な黒字になりました。

32

起業家は アルバイトを雇う

人が少ないほうがいいことはわかったが、それでも人を雇いたいという場合もあるでしょう。

「毎日朝から晩まで働いている、寝る時間もないんだよ！」

できればそれでも採用は我慢していただきたいというのが私の主張です。

なぜかと言うと、あなたがいくらお金をかけて、素晴らしい求人広告を出したとしても小さな会社、創業したばかりの会社にはまともな人が来ないからです。

私も起業してしばらく経ち、仕事が忙しくなったため、求人広告を出しました。応募者は来るのですが、相当低いレベルの人ばかりが集まってしまいました。大卒でも中学で習った漢字が読めない。簡単な計算ができないという能力に問題のある人や、人と目を合わせられない、勤務日数の半分以上が遅刻、暴行で前科がある、突然来なくなってしまうといった人間性に問題がある人など、応募してくる人はつわものばかり。

いいえ、面接に来るのはまだいいほうで、連絡なしで来ない人もたくさんいました。

また、ある時は「採用が決まりました」と電話したところ「結構です」と逆に断られる始末です。雇った次の日に辞めた人もいました。

私が昔、在籍していた会社は社員数５００名。会社は新宿の三井ビルの最上階にありました。TVでCMも流していたので、それなりに人気がありましたが、ほとんどは平凡、というか普通の人です。こういう会社でさえ優秀な人は来ないのです。あなたの会社に優秀な人が来ることはまずないでしょう。

正社員の場合、会社に自分の人生を賭けることになるのです。だから慎重に会社を選びます。あなたも起業したてでいつ倒産するかわからない、給与をもらえないかもしれない会社には入社したくないですよね。

つまり、あなたの会社には「それでもいいや、どこにも受からないし……」といった人たちしか集まらないのです。だから優れた人どころか普通の人さえ来ません。

また、金銭的に言っても正社員はオススメしません。起業したての場合には、優秀なアルバイトを雇うのです。時間の融通を利かせてあげ、数人をローテーションでまわします。アルバイトならあなたの会社がたとえ起業したてで小さな会社でも関係なく来てくれるはずです。

では、どんなアルバイトがいいのかと言うと、話の受け答えがスムーズかどうかです。

学歴や経歴はまったくあてになりません。日本人である必要もありません。とにかく普通にしゃべることができるかどうかです。なぜか能力の低い人は自己表現が下手というか、話の受け答えがぎこちない気がします。面接で緊張しているのかなといいほうに考えてはいけません。いつでも普通に会話ができる能力は必須です。

しかし、事務職ならこれでいいかもしれないけれど、営業職は正社員でないと難しい。こうした理由で正社員を雇いたいなら昔からつき合いのある、知っている人を雇いましょう。あなたはその人の能力を知っているでしょうし、相手もあなたの人柄を知っている人ですからスグ辞めてしまうということはありません。

なぜ、こんなに採用について厳しいのかと言うと、優秀でない人を雇うと会社の業績が落ちてしまうからです。仕事とスポーツは同じです。野球がうまい人はバスケットもバレーボールもそこそこ上手です。逆に、運動神経のない人は何をやらせてもダメですよね。

仕事も同じです。総務ができる人は営業やサポート、経理などもそこそこできるものです。優秀な人というのは、何をやらせても優秀なのです。

33

値下げより値上げ

商品やサービスで永遠に売れ続けるものはありません。最初は売れていても、だんだん売れなくなっていきます。飲食店であればよっぽどの人気店にならないかぎりお客様はだんだん少なくなっていきます。

その時に「おかしいな、どうしてかな、やっぱり価格かな」と値下げをする社長がいます。残念ですが、値下げしても利益が下がるだけで、現状を打開することはできません。値段を下げずにどうやって売るのかを考えるのが、経営者の仕事です。

あるコンサルタント会社の社長とお酒を呑んでいた時のお話です。

「今、コンサルタント料を毎月7万円もらっているんだけど、お客様がどんどん減ってしまい、今契約している会社は5社しかないんだ。もっと価格を安くすれば多くの会社とコンサル契約を結べるんじゃないかな。ダメだった時はもう会社を閉めるつもりなんだけど、どう思う？」

こう聞かれた私は、次のように提案しました。

「コンサルタント料を３００万円にして5年リースにするのはどうでしょうか？」

社長は呆れて「今、７万円でも契約がとれないのに、３００万円なんて言ったら、誰も契約してくれないよ」と答えます。

しかし、彼は他に解決策が見つからず、私の言葉を信じてコンサルタント料を３００万円に値上げしました。

すると、その期の経常利益は黒字になり、４０００万円プラスに転じました。

安い値段には安いお客様、高い値段には高いお客様がやってきます。新車のベンツが１００万円で売られていたら、あなたは「幽霊でも出るんじゃないか」と怖がって買わないですよね？

それなりのサービスや商品の場合、価格がある程度高くないと、大したサービスは受けられないと思われたり、まがいものやコピー商品を売られるんじゃないかと、むしろ疑わしくなったりしてしまうのです。

価格を決めることは、ターゲットを決めることでもあるのです。高級車を探している人には、安い中古車の広告は目に入りませんし、安ければ何でもいいと中古車を探している人には新車の広告はスグに捨てられてしまいます。

ターゲットの違う人には、あなたがいくら一所懸命頑張っても売れないのです。売れないからと値下げすると、今までのお客様が離れてしまうかもしれません。安いものばかり探しているケチなお客様が増えてしまうかもしれません。

単に値下げすれば、もっと売上が上がると思うのは幻想なのです。むしろ値上げできないかを考えてみてください。

34

お客様は必ずお金を払うとは限らない

ある社長は高額商品をとり扱っていました。販売方法はお客様を開拓しメーカーに斡旋、メーカーがお客様と直接契約したら、その手数料をもらうというしくみでした。

社長は、見かけの売上がほしいこととメーカーに主導権を握られているみたいでカッコ悪いという理由で、メーカーから仕入れてお客様に自社で販売するしくみに変更しました。

しかし、ある時お客様とトラブルになり、お金を払ってもらえません。もちろんメーカーからは請求書が届きます。社長の会社はしばらくして倒産しました。

会社を経営すれば、あなたも必ずお金をもらえない事態に出くわします。これは100パーセントの確率で言えることです。私は何回も経験しました。

ひとつだけ、その時のことをお話しします。

ある社会保険労務士にパソコン、プリンターなど100万円相当を納品しましたが、お金を払ってくれません。しかたないのでパソコンを引き上げに行くと、事務所の職員数名がみんなで手をつないでパソコンをとり囲み、こう言ってきたのです。

「これらは返しません。返すと私たちが先生に怒られる」

殴るわけにも行かず、会社に戻りました。何かこちらに落ち度やパソコンに問題があるならまだわかるのですが、支払ってくれない意味がわかりません。

少額ならいいのですが、高額商品でしかも仕入れが発生するものだと大変です。利益がなくなるどころか大きなマイナスになります。

このことを踏まえてのアドバイスをひとつ挙げるとすれば、起業家は高額商品を扱うなら、仕入れをなるべくしないことです。

もし仕入れをしなければならない時は、先にお客様から代金をいただくことを頭に入れておきましょう。

35
仕入れは2掛け

物販の商売をする場合、仕入れは2掛け、3掛けに抑えましょう。もし仕入れがそれより高いならば、売りたい商品であっても断念すべきです。売るというのは、実は結構お金がかかることなのです。

たとえば定価10万円のものを5掛けで仕入れ、2割引で販売した場合、残りは3万円ですよね？

販売するためには、チラシを印刷し、広告を出し、契約にお伺いし、納品するという工程をたどります。

ただ、これだけやって利益がたった3万円では割に合いません。ホームページを作り、黙っていてもバンバン注文が来て、送付するだけという通販ビジネスならばそれでもいいと思いますが、売るために広告を出したり、お客様を訪問し説明する必要がある商品ならば利益額が少なすぎます。

私の知り合いで、こういう薄利多売の商売をしていた人がいました。毎日毎日忙しいものの利益は少なく、資金繰りがどんどん酷くなっていき、ついには借金まみれになりました。ある時から彼はだんだん、耳が聞こえづらくなったそうです。

しかし、仕事が忙しくて病院に行く時間がありません。その後、道で倒れて救急車で運ばれました。脳梗塞でした。２年後に亡くなりましたが、葬式には借金取りや売掛金を回収したい業者がたくさん来ていました。

ひとつ数百万円の高額な商品ならともかく低額で利益額が少ないものは、忙しくなるわりに儲からず商売が成り立ちませんから止めておいたほうが賢明です。

36 営業は顧客密着営業

あるマーケティングの本に、こんなことが書いてありました。

『さまざまなパターンのチラシ広告を出して調査し、広告費を利益が上回ったチラシだけを集中的にばらまくのだ』

正直言って、これはちゃんちゃらおかしい話です。

私は短期的に利益を上回る広告なんていうものは、世の中に存在しないと思っています。会社を設立し32年、広告費を上回る利益を上げたチラシなんてひとつもありません。チラシがきっかけとなり紆余曲折し売れたとか、チラシを見続けて数年後にやっと問い合わせが来たなんてものはあります。つまり、広告については、「短期的には効果がわからない」というのがホントのところです。

とはいえ、広告を出さないとお客様があなたの会社を知ることはありませんから、広告は必須です。

「広告を出したけど全然売れない、問い合わせもない。じゃあ、や〜めた」ではなく、広告は「売れたらいいや、売れたらラッキー！」というぐらいの感覚で、継続的に出すべきなのです。

起業したての頃は商品もそうですし、あなたの会社はもちろんあなた自身にも信用がありません。見込み客を見つけるには広告宣伝するためのお金が必要です。この信用もお金もない状況で、同業の会社と戦わなければならないのが起業です。

それでは、起業家はどう戦ったらいいのでしょうか？

ずばり、顧客密着営業です。顧客密着営業とは、特定のお客様の相談に乗ったりして親しくなり、商品を販売する方法です。例をあげれば、生命保険会社さんの営業はたいてい顧客密着営業です。起業したての頃は、これを真似て営業するといいでしょう。

商品やサービスにもよりますが、大手企業は顧客密着営業をあまりしません。なぜかというと効率が悪いからです。

営業スタッフの給与はもちろん、営業以外のバックヤードの人件費も必要です。大手企業ゆえに高い家賃のビルに入っているかもしれません。起業家のようにいくつか売れれば、会社が成り立つわけではありません。起業したての頃、社員はあなただけか、または数名でしょう。たいした経費はかかりません。

・知り合いをたどって見込み客を発見、笑顔で訪問

・問い合わせがあったところへは毎月顔を出す

・来店型なら無料会員を募って住所やメールアドレスを聞き出し、案内を定期的に出す

・セミナーを開催して来場してくれた人へ定期的に情報を送る

なんでもいいのです。

まず、あなたの顔を覚えてもらうところからスタートします。親しくなれば、「まぁいいや」と買ってくれるものです。起業家の営業はいい人間関係を作ることからはじめましょう。起業家ははじめに顧客密着営業でお客様から信用を勝ちとります。するとお客様はあなたを信頼して商品を買ってくれます。その商品がよければ知り合いを紹介もしてくれます。顧客密着営業は、泥臭い営業ですが、確実な方法です。こうしてまずは会社の売上の基礎を築くのです。

37

仕入れ先は複数にする

開業して5年ほど経った頃のお話です。

当時10種類ぐらいパソコンソフトを制作していましたが、完成時期が違うこともありカタログのデザインがみなバラバラでした。

そこで、統一性を持たせたカタログを作ろうということになり、ある広告代理店に頼みました。デザインもよく、印刷代も安い。親身になってデザインを考えてくれるということもあって私はその会社に惚れ込

み、すべてのカタログデザインを頼みました。

カタログが完成してしばらく経ち、内容が変更になったので、そのデザイン会社に電話をしました。誰も電話に出ません。おかしいなと思って毎日電話しても誰も出ません。

そしてついに、この電話番号は使われていませんというメッセージが流れました。倒産してしまったのです。デザインデータや版下原稿はすべてそのデザイン会社が持っていたため、内容変更ができません。

結局、値段は高かったのですが、時間的な余裕がなかったので、しかたなく他のデザイン会社にカタログを依頼しました。

起業してしばらく経ったら、仕入先や委託先は複数にしておいたほうが無難です。仕入先も委託先もいつ倒産するかわかりません。

たとえば、仕入先がひとつしかなく、そこが倒産したらどうなるでしょうか？

他の仕入先に急いで新規取引を申し込んだとしても、予審や調査で時間がかかるかもしれません。その間、あなたの会社は販売ができませんから、売上がストップしてしまいます。非常にもったいない話です。

長く会社を経営していると、こういったことはよくあることです。少しぐらい高くても、複数の取引先と良好な関係を作っておいたほうがいいでしょう。そうすれば、一方の取引先が倒産しても助けてもらうことができます。価格面でちょっと高いなということもあるでしょうが、これは保険と考えてみてください。

これは何も、仕入先や委託先だけではありません。銀行も同様に一行だけでなく複数の銀行口座を作りましょう。

たとえば、一行から融資を断られたら、資金繰りが行き詰まってしまいます。死活問題です。昔のようにメインバンクという時代ではありませんので、くれぐれもこのことを忘れてはなりません。

起業後しばらく経ち、売上がある程度見込めるようになったら次にやることは会社を安定させることです。そのために、あなたの会社が取引しているすべてを複数にして、万一の事態に備えておきましょう。

Chapter 6

起業家の失敗例を知る

38

お客様はほしいからと言って買うとは限らない

社長「井上くん、こういう機能があったら、スグにでもほしいんだよ。でも君のところはこれがないでしょ。これができたら買うよ」

数か月後、その機能を作成してお客様のもとへ向かいます。

社長「おお、よくできているね。こういう機能がほしかったんだよ」

こんなふうに、興味を持ってくれました。そこで、買ってもらおうと切り込んでみました。

私　「ではご注文を」

社長「検討しておくよ。買う時にまた連絡する」

しかし、いつまで経っても、お客様から連絡が来ることはなかったのです。

実は、こういうことはざらにあります。起業家は、このことを心に留めておいたほうがいいでしょう。


お客様は、その場その場で思いつきを言うものです。お客様の「何々だったら買うよ」というのは、実は「何々だったら検討してもいいよ」という程度の軽いものなのです。

要は、お客様の言葉を信じて商品を作ったり、改良しても、買ってもらえるとは限らないのです。もともと買う気があるならば買ってから、「こういうもの、ぜひほしいんだよ」と言うはずです。お客様の言葉を信じ、そのために設備投資をしてその商品を生産していたとしたら、目もあてられません。

また、いいと思っても買うか買わないかは、その時の気分や価格、状況にもよります。あなたもコレほしいなぁと思ってもスグ買うとは限りませんよね。ほしいということとお金を払うということとは別の話なのです。

39

経営者の会に惑わされない

社長になった途端、異業種交流会に出たり、経営者の会に入る起業家がいます。何か自分が偉くなったように感じるためかもしれません。会社経営は孤独ですから仲間がほしくなるのはわかります。

しかし、こういった集まりに出ることはプラスにはなりません。むしろマイナスです。

ある日、地方都市で知り合いの社長数名とホテルで呑み会を行いました。呑み会が終わりホテルを出ると、社長たちがなぜかホテルの前に止まっているバスの運転手に最敬礼で挨拶をしています。

後で話を聞いてみると、そのバスの運転手は、経営者の会の先輩だったそうです。会社が倒産してしまい、今はバスの運転手をしているとのこと。挨拶された元社長もバツが悪そうでした。

経営者の会は、会社員でもないのになぜか序列があります。先輩社長の言うことを後輩社長はハイハイと聞かなければなりません。

そして着目すべきは、経営者の会には創業者は少なく、二代目、三代目の社長が多いというところ。二代目社長は起業家と違い、社長自身が仕事をしなくても、会社は安定しています。

そのため、毎回、先輩社長がひいきにしているフィリピンパブに連れて行かれる社長、会合の後に5次会まで引っ張られて朝までつき合わされている社長、復興支援という名の「遊び」につき合わされ、被災地支援に行く社長もいます。こういう道楽につき合わされたら起業家はスグ倒産です。

また、異業種交流会も同じです。相手に売りつけてやろうという人、薄い人脈をひけらかしに来る人、パトロンを探している人……。こんな人たちに会って仕事になるはずがありません。

起業家の仕事に終わりはありません。土日もなく365日毎日夜中まで仕事をしている起業家だけが社長として生き残るのです。

40

ベンチャーキャピタルとの契約

起業家、特にIT系の起業家は、ベンチャーキャピタル（以下ＶＣ）から投資されることを夢見ている人も多いようです。「フェイスブックなどの成功物語を自分も……」という気持ちはよくわかります。

ただ海外のＶＣと日本のＶＣは少し性質が違います。海外のＶＣはハイリスク、ハイリターン、上手くいけば大儲け、ダメなら自己責任という考えが浸透しています。

しかし、日本のＶＣの多くは、そう考えてはいないようです。ＶＣという名の銀行融資に近い考えで運営している会社が多く存在しています。

一般的にＶＣが投資している会社のうち、株式公開できる会社というのは10社に1社と聞いたことがあります。あなたの会社がめでたく株式公開できればハッピーエンドになるのですが、株式公開できない時はどうなるのかというのが問題です。大体3つのパターンに分かれます。

①あなたがクビになり新しい代表取締役がVCからやってくる
②どこか大きな会社にM&Aされる
③一部の事業だけをどこかの会社に譲渡して会社を解散する

このいずれかとなります。

ここまでは海外のVCも同じなのですが、日本独特のルールを持つVCもあります。それは「株式買取義務」というものです。

「株式公開できない場合には、あなたの会社またはあなた自身が株を買いとってください」つまり、こういうことです。株式公開できないのに会社にお金が潤沢にあるというのは、まずありえません。よって株式はあなたが買いとり、お金を支払うことになります。とはいえ、あなたもそんなにお金があったらVCから資金調達なんてしませんよね。ですから実際にはこの「株式買取義務」というのは行われません。

しかし、ずっと未払いの「借金」としてあなたに残り続けるのです。もし将来、あなたが違うビジネスで成功したら、ある日、ＶＣからこの借金を支払って下さいと連絡が来るかもしれません。

これは怖いですよね。よってＶＣと株式買取義務つきで契約した社長たちは、みなさん最終的に自己破産を選択しているようです。

大きな声では言えませんが、ひどいＶＣになると会社に怖い人がやってきて、社長を強制的に金融会社に連れて行き、たくさんの会社からカードキャッシングさせてお金を回収し、その後、自己破産させるという荒業を使う会社もあるそうです。

とはいえ、ビジネスを加速させるためにはＶＣは強い味方です。よく調べて優良な会社を選べば怖いことはありません。

41

一番の失敗は自分との戦いに負けること

私は起業家が失敗する姿を本当にたくさん見てきました。私が当時勤めていた会社は、今で言うベンチャー企業だったため、勤めていた社員もベンチャー気質を持つ人がたくさんいました。私の同期や先輩たちで退社し会社を創った人たちは、たぶん20人以上いたと思います。

では、今も残っている会社はいくつあるかと言うと、数社だけです。

倒産してしまった人たちの共通点は何

だったのでしょうか?

すべての人が自分に甘かったのです。

ある人は輸入小物の店を経営していました。店の営業時間は13時から21時だったので、彼は午前中、昔の仲間と麻雀をしていました。とはいえ、午後はきちんと店を開き、営業していました。店の準備もありますから実働時間は10時間程度でしょうか。1日10時間労働は会社員なら別に問題ありません。

しかし経営者ならばそういうわけには行きません。

「趣味や息抜きが必要ですって?」

経営者にそんなものはありません。

「家族と過ごす時間が必要?」

そんな時間はありません。

人間として欠陥があると言われてもしかたがありませんが、「起業家は仕事以外のことをしてはいけない」と私は思うのです。

ただそんな私もいろいろな誘惑に駆られました。

「もういいんじゃないの。お前はスゴク頑張ったよ。少しぐらい休憩しようよ」

こういう声が聞こえてきます。

成功する起業家と失敗する起業家の分かれ目はココだと思います。こういう声が聞こえてきたらさらに頑張るのです。休憩は成功してから、いくらでもとってください。

「そんなに働いたら死んじゃうよ」

いいえ死にません。経営者で過労死した人はいないと思います。やりたくない仕事を延々とやらされ続けた会社員だけが過労死します。やりたいことをしている、夢を持って仕事をしているあなたが死ぬわけはありません。

ライバル会社と同じことを同じようにやっていても勝つことはできません。では勝つにはどうしたらいいのか。それは長く働くことと速くやることです。

普通の会社が8時間労働なら、あなたは16時間働きます。普通の人が1時間かかることをあなたは30分でやります。これで同業他社の4倍の仕事量になります。人間4人分です。16時間緊張感を持って、とにかく速く手を動かします。走ります。そして土日祝日も働きます。1年間休みはありません。

ここまでやれば成功する「かも」しれません。逆にここまでやらなければ成功どころか、生き残ることもできません。

起業時、私は1年間1日も休まず16時間働いてきました。会社兼自宅マンションで午前9時に起き午前3時に寝ていました。昼間は営業、夜中は原付バイクでポスティングです。土日祝日はもちろん正月も働きました。当時正月の三ヶ日が好きでした。誰も働いていない時に私は働いている。みんながうっかりしているうちに私は前に出られるんだという高揚感さえありました。

なぜこんなに働いたのかというと怖かったからです。お金がなくなり会社が倒産するのが怖かったからです。仕事をしているとその恐怖から逃れられるのです。

「1日16時間程度なら働けるよ。土日祝日だって働いたこともあるし、3日ぐらい徹夜したこともあるよ」

安心しました。1日16時間、1日も休まずに5年ばかり働いてみてください。私ができたんだからあなたにもできるはずです。一番の失敗は自分との戦いに負けることです。

Chapter 7

熟年起業について考える

42

終わりを決めておく

最初から終わりを決めるというのも難しいと思いますが、だいたいでいいので、何歳まで会社を経営するか決めておきましょう。

たとえば起業して10年後に会社を解散したとします。うまくいっていれば、誰かを社長にという道もあるかもしれませんが、会社は赤字、借金もたくさんあるという場合には、結果的に全員を解雇することになります。

ここで考えておきたいのは、若者は再就職できますが、高齢になっている社員は再就職できないということです。熟年起業するならば、人を雇う時も慎重に行わなければなりません。だいたいの終わりを決めておけば、何歳ぐらいの人を雇ってもいいか見当がつきます。

また自分自身の問題、自分の終活も考えておく必要性があります。会社を経営しました。

失敗しました。借金がたくさんあります。年金も使い果たしました。さてどうしましょうということになったら大変です。

ですから会社経営を終わらせた時に、お金はいくら残しておくということを事前に決めておいたほうがいいでしょう。極論を言えば、熟年起業はお金を使わない、人は雇わない、雇ったとしてもアルバイトしか雇わないことが最良だと思います。

夢のない話ばかりで恐縮です。

とはいえケンタッキーフライドチキンのカーネル・サンダースがフライドチキンで成功したのは60代です。熟年にもまだまだチャンスはあるのです。

43

今までの人脈を活かした新しいネットワークを築く

昔の肩書は通用しないと前述しました。熟年にもなると相当、前職で偉かった人もいると思います。

だからといって、それをあなたの新しいビジネスに利用できるかどうかというと微妙なところです。それに、昔の知り合いにあなたが販売する商品を無理して買ってもらう、契約してもらうというのもなんとなく気が引けるもの。

しかし、今までの人脈を活かせないのは、なんとももったいない話です。

そこで、もしコンサルタントのような仕事を選択するならば、オススメなのは知り合いにさまざまな団体を紹介してもらい、入会するという方法です。こういう話なら昔の知り合いも喜んで紹介してくれるはずです。大きな団体や有名な団体は紹介がないと入れないものも多いですし、ある程度、昔の肩書がないといづらい団体もあります。

熟年ならではのメリットとして、若い起業家では相手にされないような有名団体に入れることは今後のビジネスにプラスになるでしょう。こういう団体で他の人と親交を深めながら、あなたのビジネスのための新しいネットワークを築いていきます。団体の名称の入った名刺をもらえるならば、信用度も増しますし、他の人から紹介を受ける際もスムーズです。

日本人は、どこに所属している人なのかを重要視する民族です。新しいビジネスのために新しい肩書があると活動の幅が広がるのではないでしょうか。

44

友達や同僚と起業しない

友達や同僚とは一緒に起業しないことです。

私の知り合いで50代の仲間3人で起業した人がいました。私はやめておいたほうがいいですよと言いましたが、首をふってこう言いました。

「三十年来のつき合いなんです。気心も知れています。三本の矢は折れないっていうじゃないですか」

そして半年後、三本の矢は跡形もなく粉々になりました。

「この仕事がうまくいかないのはあいつのせいだ」

「あの人がこの話を断ってしまったからお金が入らなくなった」

3人で責任のなすり合いです。そして会社は倒産しました。

起業してからのつき合いというのは会社員時代とは全然違うのです。お笑い芸人でもよく聞きますよね。親しいからコンビを組んだもののその後、仲が悪くなり、仕事の時にしか会わない。それどころか、相方の住所も知らない。

こういうことと同じです。会社員時代には社長や上司という共通の敵（？）がいたのです。社長は文句は言いますが、給与は毎月きちんと支払ってくれます。

しかし起業してしまうと、毎月給与がもらえるとは限りません。むしろ預金をとり崩すほうが多くなります。考え方の違いから言い争いも多くなり、ついに同僚が敵に変わってしまうのです。

そしてそれだけに留まりません。会社は解散し、今度は資本金の分割や借金の支払い割合で戦うことになるのです。友達や同僚と起業してうまく行った人を私はひとりも知りません。

それでももし一緒に事業をしたいというのであれば、お互いに起業し、別の会社として共同で受注する、一緒に仕事をするというのがいいでしょう。これなら会社の方向性が変わっても喧嘩になりませんし、いい友人関係が築けると思います。今まで長くつき合ってきた友達や同僚なら死ぬまで親交を続けたいものです。

45 趣味は商売にならない

今まで会社で頑張ってきたんだから、定年退職後は悠々自適に好きなことをビジネスにしようという人がいます。

「儲けるつもりは一切ない」

「自宅を会社にして趣味で仕事をしたいだけ」

というのであれば大賛成です。ある意味、定年後の人生設計としては理想的な形です。

しかし、生活できるくらいのお金は儲けたいというのであれば、趣味を仕事にするのは止めたほうがいいでしょう。趣味というのはそもそも商売になりづらいのです。趣味だから頑張れるというのもあるでしょうが、会社経営はそんなに甘い話ではありません。

マーケティングや広告の勉強、ホームページやチラシの作成、経理や請求、給与計算の実務、お客様が来るためのスペースや会社にかかってくる電話はどうするかなど、やることは山積みです。

そんなか、趣味で月に数十万円の利益を上げることは容易ではありません。またゴルフや釣りのように売るもの、つまり「道具」がある場合はまだいいのですが、趣味が山登りや囲碁将棋、俳句だとそもそも売るものがありません。

それでももし趣味で商売をしたいのであれば「少しずらす」ことが秘訣です。ずらすというのは本来の趣味から少しポイントを変化させるということです。

つまり釣りを商売にしたいなら、玄人に素晴らしい釣り竿を売るのではなく、素人を集めた釣り教室や釣りに行く旅行の企画、釣り仲間を集めた魚のさばき方、魚料理の教室のように釣りの周辺ビジネスを行うのです。

ビジネスというのは、実はビジネスそのものよりその周辺のほうが儲かるのです。たとえばパソコン本体を売るよりもパソコン教室、パソコン用品、消耗品などのほうが継続して儲けることができるのです。

46

人間関係が熟年の強み

私が起業して一番困ったことはコネもツテも何もないことでした。

29歳で起業したため、同僚も友達もみんな平社員です。インターネットもなかったので、困ったことがあってもすぐに調べることはできません。広告も本を読んで見よう見まねで作りました。

ある時、チラシを印刷しようと思いましたが、どこに頼んでよいかわかりません。そこでタウンページを見て印刷工場

に直接行きました。相場もわからないので、印刷工場の人に言われるがままにお金を支払いました。

Ａ４ペラのチラシ４、０００枚で十数万円です。後で知り合いに聞いたら相場の2倍ということでした。

熟年起業の強みは、人間関係です。知らないことがあっても聞ける人がいることです。仕事を頼める人がいることです。これはすごく大きな資産です。

いくらコンピュータが進化し、社会が進歩しても結局商売というのは人間関係なんです。熟年だからこそ成功するということも多いのです。知り合いの知り合いをたどって素晴らしい人と知り合うことができるのも、熟年起業のよさと言えるでしょう。

Chapter 8

起業して成功するためのヒント

47

売れるまでには時間がかかる

起業してしばらく経っても、なかなか売上は上がりません。そしてあなたはこう思うのです。

「なんでうちの商品のよさがわからないのかなぁ。みんなバカだなぁ。あんなもの買うならうちのほうがずっといい商品だし、サービスもいいのに」

なーんて思うのです。かくいう私も某メーカーとまったく同じものを1／3の価格で販売しました。広告もたくさん出しました。でも全然売れないのです。当時は本当に不思議でした。

しかし、今ならわかります。

「なぜ売れないのか」、それは『私の会社』が売っているからです。誰も知らない、聞いたこともない。商品がまともかどうかもわからない。そんな会社からは誰も買わないのです。

では、当社が素晴らしいとわかってもらうにはどうしたらいいか?

それは時間しかないんです。

「長い間、地道に販売しているし、広告もよく来るなぁ。もしかするといい商品なのかな。近所の人で使っている人いないかなぁ」

お客様は皆、こんな具合です。人の感覚を変えるには時間がかかるのです。

ちなみに私が売っていた先ほどの商品も、しばらくしてから売れるようになりました。何も変えていません。価格も広告も同じです。資金繰りに怯えながら、地道に広告をし続けたのです。

するとある時からなぜかポツポツと売れはじめました。

次に、弊社のクラウドシステムのお話をしましょう。

フリーウェイシリーズは当初、300ユーザーでした。1年経っても、1、000ユーザーに届きません。しかもすべて無料のユーザーです。社内は「また社長の道楽で」という雰囲気です。

しかし、私はその後も無料の給与計算、タイムレコーダーを作り続けました。するとポツポツとユーザーが増えはじめました。ユーザーは1万になり、10万を超え、48万を超えました（2023年7月現在）。今は月に4、000ユーザーずつ増えています。いくらいいものでも、みんなが知るまで、売れるまでには時間が相当かかるのです。

ではどの程度かかるかというと、1年半です。

理由はわかりませんが、今まで行ってきたビジネスが立ち上がるまで何でも1年半でした。逆に2年経ってもダメなものはダメでした。

商売には忍耐と見切りが必要です。

売れるまで地道に活動することも必要ですが、やめないで悩んでいると時間もお金もどんどんなくなってしまうことがあります。

ですから、最初からある程度、この事業はいつまでにこのくらい売れなければやめるという目安をつけてスタートしておくべきです。

48

出し惜しみしない

ホームページに全部書いてしまうと、問い合わせが来なくなるから、少しだけ掲載しようという人や、お客様にはノウハウはなるべく小出しにしようというコンサルタントに会うことがあります。

こういう人を見ると「なんかせこいな、たいした知識でもないのに」と悪い印象を受けます。私は人にはノウハウを全部公開していますし、聞かれれば知っている知識は何でも教えています。

あなたがもし全部教えてしまったら、その後は空っぽになってしまうのであれば、そもそもその仕事をする資格がありません。知識というのは日々努力し学んで蓄積していくものです。一定の知識を切り売りするだけで一生、会社を経営できるはずがありません。

また、ノウハウや知識を出し惜しみしない理由は、相手から尊敬されるためです。どんなにスゴイ知識でも少しだけでは「実はたいした人じゃないのかもしれない」と思われてしまいます。起業家が成功するために、人から尊敬を集めるというのは重要なことです。すごい人を知ると皆、誰かに教えたくなるんです。しゃべりたくなるのです。

「実はこんな人に会ったんだよ。業界のことを何でもよく知っているし、周辺知識も豊富なんだ。いやスゴい人なんだよ。今度紹介するよ」

と勝手に宣伝してくれます。そこからさまざまな人と出会い、大きな仕事につながることもあります。

当社はクラウドメーカーですが年商数千億円の上場企業や有名保険会社、大手化学薬品メーカーなどのさまざまなサイトを作ってきました。当社は中小、零細企業向けのクラウドメーカーですが、評判を聞いてさまざまな会社から制作依頼が来るのです。

昔、生命保険の代理店のトップの人とお話しした時のことです。その人はとにかく圧倒的な保険の知識、金融の知識を持っていました。

私は居酒屋で3時間もの間、その人の話にずっと聞き入っていました。そして店から出る時に私は彼に「うちの会社の保険はあなたに全部任せますよ」と言いました。こんなにすごい知識を持っている人なら間違いないと思ったのです。

49

作らず創る

日本には「ものづくり」をする人を称える気風があります。町工場から世界へ、日本の技術力に世界が驚愕みたいな「ものづくり」。匠の技というかそういうものを私も尊敬はしますが、好きではありません。

なぜ、世界の人が匠の技を磨かないかというと、どうでもいいからです。

「そんなものは買ってくれればいい。作らせればいい」

そう考えているのです。日本の匠の技とい

うのは、磨くとか削るなどの加工技術や、すでにあるものを精巧に作る技術にすぎません。作るであって、創るではないのです。

あなたのパソコンに日本人が創ったソフトはいくつ入ってますか?ワード、エクセル、フェイスブック、LINE、Gメール……。日本人が創ったものはほとんど入っていないのではありませんか?

「日本人はイチからものを作るのが好き」

これが世界で日本が戦えない理由のひとつです。何か作ろうとすると日本人はパーツをどこかから持ってきて組み立てるのではなく、イチから部品を自分自身で制作し、匠の技で完成させようとします。

昔、某銀行からインターネットにデータを保管するシステム、いわゆるストレージシステムを販売してくれないかという話が来ました。

今から十数年前の話です。当時ストレージシステムはまだあまり普及していなかったため、私はその話に乗ることにしました。某銀行は4、000万円のお金をかけ、半年がかりでシステムを完成させました。早速、私はそのシステムにアクセスしました。

しかし、なぜか異常にスピードが遅く、数人で接続すると動かなくなるのです。これでは売れませんよと言うと、もう少し速くなるのでしばらく様子を見てほしいとのことでした。しかしその後、数か月経ってもたいして速くはなりません。

私　「申し訳ありませんが、このスピードでは売れませんよ」

担当「いや今さら、そんなことを言ってもらっても困ります。サーバーも増強します」

私　「いやサーバーの問題ではなく、技術力の問題だと思いますよ」

担当「そんなこと言うなら、井上さんの会社でも作ってみればいい。結果は同じですよ」

話の流れでいつのまにか、当社でもストレージシステムを作成する羽目になってしまいました。私は当社の技術者にシステム製作の指示をしました。

さて、どのくらいの日数で作れたと思いますか？

たった3日です。しかも某銀行のシステムよりスピードは何倍も速く、バグもありません。かかったお金はわずか数千円です。では当社がなぜ銀行が作ったシステムより優れたものを短い開発期間、安い開発費で製作できたのでしょうか？

それは世界マーケットでソフトウェアのパーツを買ってきたからです。プラモデルを作るように、インターネットに接続するパーツ、データを保管するパーツ、ＩＤとパスワードを保管するパーツなどを組み合わせて作ったので、たった3日で完成したのです。

話は飛びますが、当社と同じ会計事務所をマーケットとするライバル企業は、一部上場企業ばかりです。社員数が数十分の1の当社が、なぜ彼らとほぼ同じラインナップを作れたのかというと、ココに秘密があるのです。

今や世界で誰も考えたことがないものはほとんどないのです。どこかの誰かが考え出し作っているのです。これからの会社はそれらを組み合わせ、発展させ、新しいものを創造することが成功につながると思うのです。

50

借りもの経営

昔は大きな会社の社長でも、自社で銀行を設立したり、電話会社、電力会社を作れると思った人はいなかったと思います。

しかし、今やそれができる時代になりました。特定の顧客、ビジネスのベースさえしっかりしていれば、足りないものは借りてくることで、今はビジネスをスタートさせることができるのです。

こう考えるとビジネスの幅がすごく広がるのではありませんか？

たとえばソフトバンクグループの孫正義社長のビジネスはほとんどが借りものです。ソフトバンクは元々、パソコンソフトの流通の会社で、メーカーが作ったソフトをパソコンショップに運送するのが仕事でした。

その後は電話回線を借りたＡＤＳＬや光通信などのデータ通信事業、米国の通信会社を買ったり、電力会社から供給を受けて商売したり、基本的にすべて他人が作ったものを利用しているだけの会社です。

孫社長が作ったのは唯一、ロボットのペッパーくんだけではないでしょうか？

通信事業を行う、電力を買うといった大きな話でなくても、「借りものビジネス」はできます。

たとえば、お客様のところにとりに行く出張クリーニング店というものも考えられます。クリーニングの知識は必要ですが、自社でクリーニングをする機械は不要です。車検代行と謳って、車検は修理会社にやってもらうということもあるでしょう。

何かすでにビジネスとして確立しているものをあなたのアイデアでビジネスにしていくのです。新規商品と違い説明の必要がありませんし実績のある会社と組めばクレームもほとんどないでしょう。何か、あなたが他社から借りられるものを一度整理してみたらどうでしょうか？

51

会社が伸びるには3人必要

あなたは起業してしばらく経ち、ようやく軌道に乗ることができました。そしてこれからはもっと会社を伸ばしていこうと頑張ります。あなた自身も寝る間も惜しんで働きます。会社では画期的な新製品を出し、広告を打ち、社員を雇います。

ところが、会社はなかなか大きくなりません。売上はある程度で頭打ちになり、その後一進一退を繰り返します。

なぜそうなるかというと、会社が伸びるに

は社長の他に、あとふたり必要だからです。

ではどんな人たちかというと、『必ず売る人』と『必ず社内管理をやり遂げる人』です。

そこそこ売る人、ほぼミスがない人はどこにでもいます。しかし、必ずやる能力と気迫を持った人は少ないのです。

ベンチャー企業として上場した数社の取締役に、「貴社が上場できたのは何が理由ですか」と聞いたことがあります。あの戦略が当たったとか、この商品が爆発的に売れたといった答えが返ってくると思いきや、そうではなかったのです。

「○○さんと○○さんがたくさん売ったから」

「○○さんがきちんと社内整備を行ってくれ

力が大きいのです。

「優秀な人材がいるから成功したとか、創業者の名前が出るより、社長の

たから」

こういう個人名が出てくることがほとんどでした。上場企業といっても、結局は個人の力が大きいのです。

つまり、あなたが会社を伸ばすためには、優れた人を雇うことが必須なのです。

優れた人を雇うことができないと、売れない時は社長であるあなたが営業し、社内でミスが起こったら、あなたが社内整備をするということになります。それによりあなたは本来の仕事、社長の仕事ができず、結果的に会社がずっと停滞してしまうのです。

成功している会社や上場企業には必ず優れた人がいます。逆に優れた人がいない会社で、うまくいっている会社はありません。

会社が次のステップに進むためにやるべきあなたの重要な仕事は、さまざまな方法を駆使して優秀な人を探すことなのです。

52

結局何のために起業するのか

人間の幸せは人それぞれです。お金持ちになっていい暮らしをする。食べたいものを食べ、いい服を着て、カッコイイ車に乗り、大きな家を建てる……。

こういうことが幸せな人もいます。また、家族を大切にして旅行に行ったり、仲間と楽しくバーベキューパーティをしたりするという幸せもあります。もしこういう幸せを求めるのであれば起業しないほうが無難です。

たまに成功している社長がTVに出ていますよね。ああいう派手な暮らしを見ると社長になれば、あんな暮らしができるのかと思ってしまうかもしれません。

名前は言えませんが、オートクチュールの老舗の会社があります。奥さんは元女優、社長はBMWとベンツを毎日交互に乗って出勤します。

しかし、会社は大赤字、自社ビルはもちろん何もかもが抵当に入っています。これが派手な社長の現実です。もちろん本当に儲かっている社長もいますが、こういう社長はまず表には出てきませんし生活も質素です。表に出ることでお金に群がるへんな奴らがやってくるからです。

単純にお金持ちになりたいという理由でなら、起業はすべきではないと思います。たぶんソフトバンクの孫社長やＨＩＳの澤田社長は使い切れないほどのお金を持っていると思いますが、結局、会社経営から離れないですよね。彼らは会社を経営するということ自体に価値観を持っているのです。会社経営という方法で自分の力を試したいということです。

スポーツも同じですよね。お金だけなら野球選手として多額の年俸をもらい、ある程度で引退して、不労所得で暮らすという方法が一番賢いやり方だと思います。でも、そうしないのは、野球という方法で自分の力を試したいからだと思います。

フリーウェイジャパンが、なぜ起業家むけにクラウドシステムを無料で提供しているかというと、会社経営という舞台で戦おうとしている起業家に、少しでもうまくいってほしいからです。そして、もうひとつは……、「うちのシステムを使って大成功しましたという社長がこの間、会社に挨拶に来たんだよ。俺は偉そうに、キミもがんばったね、なーんて言っちゃったよ、はっはっはー」という自慢話を私はみんなにしたいのです。

step1
step2
step3
step4
SUCCESS

おわりに

本を書き終えて「なんだか夢のない話ばかり書いてしまったなぁ」と少し反省しています。

しかし、これが起業の現実なんです。

ある日、大型書店に行って起業の本を何冊か立ち読みしました。なんともくだらない本ばかりで目眩がしました。

本書を書いたのは、これがきっかけです。

「口コミでお客様が来る」

「SNSの『いいね！』を集めろ」

「成功している自分を思い描けば現実化する」

はぁ？　そんなことでお客様が来るなら、手間はありません。

嫌われても嫌われても毎日、飛び込み営業、朝から晩までビラ配り。営業先からはもう来るなとメールが来る。これが起業の現実です。でもこれをしないと会社は倒産してしまうんです。

会社経営はほんとうに大変ですが、面白いのも事実です。自分の作戦が当たって儲かった時や、プロジェクトが成功した時の仲間との呑み会。これは爽快な気分です。究極のゲーム。それが会社経営です。起業を成功させ、ぜひ私の会社に遊びに来てください。あなたの苦労話、自慢話を聞かせてください。

株式会社フリーウェイジャパン　代表取締役　井上 達也

著者

井上達也（いのうえ・たつや）

1961年生まれ。株式会社フリーウェイジャパン代表取締役。株式会社日本デジタル研究所（JDL）を経て1991年に株式会社セイショウ（現、株式会社フリーウェイジャパン）を設立。当時としては珍しく大学在学中にマイコン（現在のパソコン）を使いこなしていた経験と、圧倒的なマーケティング戦略により、業務系クラウドシステムでは国内最大級のメーカーに急成長させる。中小企業のITコストを「ゼロ」にするフリーウェイプロジェクトは国内の中小企業から注目を集め48万ユーザー（2023年7月現在）を獲得。多くの若手経営者の支持を集めている。著書に『小さな会社の社長の勝ち方』『伸びる税理士事務所のつくり方』（明日香出版社）などがある。

ポケット版 起業を考えたら必ず読む本

2023年7月29日 初版発行
2023年9月　1日 第19刷発行

著者	井上達也
発行者	石野栄一
発行	明日香出版社 〒112-0005 東京都文京区水道2-11-5 電話 03-5395-7650 https://www.asuka-g.co.jp
カバーデザイン	大場君人
本文デザイン・組版	櫻井ミチ
編集協力	米田政行（Gyahun工房）
写真	Adobe Stock
校正	株式会社鷗来堂
印刷・製本	シナノ印刷株式会社

ISBN 978-4-7569-2279-3